陕西省社科界2019年重大理论与现实问题研究项目2019C067

唐代社会救济法律制度研究

武宇红 ◎ 著

中国财经出版传媒集团
中国财政经济出版社

图书在版编目（CIP）数据

唐代社会救济法律制度研究 / 武宇红著. --北京：中国财政经济出版社，2023.9

ISBN 978-7-5223-2498-2

Ⅰ. ①唐… Ⅱ. ①武… Ⅲ. ①社会救济-法制史-研究-中国-唐代 Ⅳ. ①D922.182.32

中国国家版本馆 CIP 数据核字(2023)第 174662 号

责任编辑：吕小军　　　　责任校对：张　凡

封面设计：陈宇琰　　　　责任印制：张　健

唐代社会救济法律制度研究

TANGDAI SHEHUI JIUJI FALV ZHIDU YANJIU

中国财政经济出版社 出版

URL：http：//www.cfeph.cn

E-mail：cfeph@cfeph.cn

社址：北京市海淀区阜成路甲 28 号　邮政编码：100142

营销中心电话：010-88191522

天猫网店：中国财政经济出版社旗舰店

网址：https：//zgczjjcbs.tmall.com

北京财经印刷厂印刷　各地新华书店经销

成品尺寸：170mm×240mm　16 开　13 印张　193 000 字

2023 年 9 月第 1 版　2023 年 9 月北京第 1 次印刷

定价：56.00 元

ISBN 978-7-5223-2498-2

（图书出现印装问题，本社负责调换，电话：010-88190548）

本社质量投诉电话：010-88190744

打击盗版举报热线：010-88191661　QQ：2242791300

前　言

“安人宁国，以法为先。”这是唐代统治者的治国理念，也是唐朝社会救济立法的指导思想，唐朝的中央政府通过相关法律的制定与实施，对唐代的社会进行了一系列的灾荒救济、社会弱势群体救恤、社会特殊群体优抚的组织活动，为唐朝的繁盛助了一臂之力。唐代的社会救济法律制度也是唐代法制体系中重要的组成部分。本书进一步深化了唐代的法制研究，拓展了中国古代社会救济法律史，对于当今我国社会救济法律政策的制定也有重要的借鉴作用。

对唐代社会救济法律制度的研究，囊括了历史学、经济学、社会学、法学等不同学科在内的理论问题，本书拟从历史学和法学相结合的角度来研究唐代的社会救济法律制度，分析其制度的内容和特点，并和其他国家进行比较，进而论述对于当今中国的启示意义。

全书除第1章绪论和结论与展望之外，其余六章为全书主干部分。其中：

第2章主要介绍唐之前的中国传统社会救济思想及实践。中国古代的社会救济思想来源于中国传统社会几千年的人文思想积淀，以民本思想为基础，兼之“仁义”“民贵君轻”儒家学说、天下大同的治国理念而逐步形成，并发展起来，在《周礼》中即有关于设置专门或兼职的官员负责实施对灾民及老幼残疾、鳏寡孤独、贫病之人进行救济与帮助的记载，后历经春秋战国、汉、隋等朝代，以各种方式进行着实践。

第3章主要阐释唐代的社会救济思想及其运行环境。通过分析唐代的君臣包括唐太宗、姚崇、卢携的思想来体现唐代的社会救济思想，同时研究唐代社会救济制度的运行环境，包括政治环境、经济环境、文化环境、自然环境，以得出其思想和社会环境之间的关系，在此基础上阐释唐代社会救济的主体。研究唐代以政府为主导形成的救济主体，包括政府、宗族、社会三部分，以及在政府之下的社会、宗族所起的作用。

第4章主要阐释唐代的灾荒救济法律制度。唐代所制定的在灾荒发生后具有法律效力和普遍适用性的救济制度，包括四方面的内容，第一，唐代的灾害概况及其所产生的危害后果；第二，唐代法律在灾荒救济中的规定，涉及勘报灾情、发赈救济、蠲免及缓征钱粮等方面的法律规定；第三，唐代灾荒救济中的吏治，涉及唐代灾荒救济中的官吏责任、灾荒救济中的渎职处理以及灾荒救济的案例分析；第四，唐代政府有关灾荒预防的法律制度，涉及建立仓储的法律制度、仓储的管理机构及法律责任。

第5章阐释唐代对社会弱势群体救济的法律制度。本章主要是对老人、妇女和残疾人的救济法律制度的研究。包括唐代如何从法律上界定年老以及残疾的标准及等级，按照不同的等级进行受田优待、减免赋役、对老人的侍养，以及对妇女的具体救济制度。

第6章阐述唐代对特定人群的救济法律制度。主要涉及对官员和军人、学子的救济制度以及对化外人和少数民族的救济制度。前面三者均是和统治阶级利害相关的阶层，在各代都受到特殊关照，对官员及官员家属的救济，包括对无力回籍的官员及家属的救济制度、对贫困官员及家属的救济制度、对官员死亡的救济制度；对军人与其家属的救济制度，包含了受田优待制度、减免赋役制度、优待家属制度。对学子的不负担课役、减免食宿的制度。对化外人和少数民族的救济制度主要是针对唐代当时国内人数众多的外国人及少数民族所特别制定的。

第7章是关于唐代社会救济法律制度的特点、历史地位及当代借鉴分析。唐代的社会救济法律，不仅规范了唐代的社会救济，稳定了社会秩序，而且对于经济的长远发展、劳动力的休养生息也有重要意义，相比世界上其他国家的社会救济法律，有着鲜明的古代中国的人文特色。比较过程中一是进行纵向比较，和秦、汉、宋、明朝代从救济对象、救济手段、救济范围进行对比，进而总结出唐代社会救济方面在数量上和效果上所取得的成就以及所开创的新的局面；二是进行横向比较，和同时期世界上的其他国家的社会救济制度从主体、对象、动机等方面进行比较，进一步得出唐代社会救济法律制度的特点和历史地位；三是当代借鉴。文化具有传承性，当代的法制化建设既要避免全盘复古也要避免全盘西化，本书对唐代在社会救济法律制度中的合理成分以及具有民族特色部分进行了研究，分析其对当今法制建设的借鉴作用。

武宇红

2023年7月

目　录

第1章　绪论　／1

1.1　研究背景　／3
1.2　研究意义　／4
1.3　国内外研究现状　／6
1.4　研究内容　／9
1.5　研究方法　／11
1.6　写作意图　／12
1.7　基本概念的界定　／13

第2章　唐代社会救济概论　／17

2.1　唐代的社会环境　／19
2.2　唐代的社会救济思想　／30
2.3　唐代社会救济法律制度的来源与形式　／43
2.4　本章小结　／48

第3章　唐代社会救济的主体：政府主导下的组织体系　／49

3.1　政府　／51
3.2　社会　／57
3.3　宗族　／66
3.4　唐代社会救济主体特征　／71
3.5　本章小结　／73

第4章　唐代的灾荒救济法律制度　／75

4.1　唐代的灾荒概况及危害　／77

4.2 法律对唐代灾荒救济程序的规范 / 80
4.3 唐代灾荒救济中的吏治与监察制度 / 93
4.4 唐代政府有关灾荒预防的法律制度 / 96
4.5 本章小结 / 100

第5章 唐代对社会弱势群体救济的法律制度 / 101
5.1 对年老之人救济的法律制度 / 104
5.2 对残疾人救济的法律制度 / 110
5.3 对妇女的救济 / 120
5.4 本章小结 / 127

第6章 唐代对特定人群的救济法律制度 / 129
6.1 对官员的救济制度 / 131
6.2 对军人的救济法律制度 / 138
6.3 对学子的救济制度 / 144
6.4 对少数民族的救济制度 / 149
6.5 本章小结 / 156

第7章 唐代社会救济法律制度的意义与当代借鉴 / 159
7.1 唐代社会救济法律制度的实施情况 / 161
7.2 唐代社会救济法律制度的特点 / 166
7.3 唐代社会救济法律制度的意义 / 169
7.4 唐代社会救济法律制度的当代借鉴 / 173
7.5 在弘扬中华民族优秀文化的基础上建立具有中国特色的救济体系 / 180
7.6 本章小结 / 186

结论与展望 / 187

参考文献 / 191

致 谢 / 198

第 1 章

绪　　论

1.1　研究背景

社会救济是一个近现代的概念，国际劳工组织对社会救济的定义是，“社会通过采取一系列的公共措施来向其成员提供保护，以便与由于疾病、生育、工伤、失业、伤残、年老和死亡等原因造成停薪或大幅度减少工资而引起的经济和社会贫困进行斗争，并提供医疗和对有子女的家庭实行补贴”。也是由西方国家率先提出并实行的一项社会制度，是伴随着资本主义的发展而逐步形成的。

事实上，建设一个和谐稳定和可持续发展的社会，是人类的古老梦想，并在不同的历史阶段以不同的方式实践着，虽然被冠以不同的名称，但最终都形成了一套适用于各自社会的有效救济机制。同时，任何事物都有其历史性，都是通过历史的不断发展而形成的，社会救济也是如此。在古代中国，统治者为了维护社会稳定，很早就拥有了丰富的社会救济思想，采取了一系列救灾备荒、扶贫济困、养老扶幼的社会救济制度。可以说，现代社会救济也是经历了几千年的发展后才形成当前的形态。正如学者所言：“迄今为止，许多社会救济制度的论述，在追溯社会救济制度的源流失，往往根据国外的情况，而忽略了对中国历史上历代政府所实行的社会救济制度的考察。”实际上，早在三千多年前，中国就出现了后世所谓的社会救济制度的萌芽。此后，尽管王朝更迭，但随着历史的发展和社会的进步，社会救济的措施越来越具体，覆盖面越来越广。因此，社会救济虽然是一个现代名词，其实在中国早已有之，并且相对于西方社会，政府介入更早、程度更深。因此，从社会救济法制的角度对中国封建社会重新进行审视和研究，可以进一步拓展法制史的研究空间。

唐代处于封建社会的鼎盛期，经过中国传统社会几千年的人文思想积淀以及经验积累，形成了比较完善和系统的社会救济法制，包括救荒、恤孤贫残、军人优抚等方面，与此前历代相比，唐代政府比较重视社会救济，采取了一系列法制救济社会成员尤其是灾荒时期社会弱势群体的生活，在中国古代传统社会救济史上占有突出的地位。对其进行深入研究可以促使我国古代社会救济史的研究趋于整体化和系统化，并在此基础上努力探求适应中国文化特质的社会救济制度。因为社会救济作为一种制度，它是一脉相承的，我们只有找到它的源头，探索它的过去，才能把握它的现在，预测它的未来。从这个意义上讲，研究社会救济史，正是为了探索一条真正适应中国国情的社会救济道路。通过对唐代社会救济法制的研究和探讨，可以为我国当前的社会救济事业提供可借鉴的法制经验。

1.2 研究意义

1.2.1 理论意义

（1）以中国国情为出发点，推动中国特色的社会主义法学研究背景下的法制史研究的繁荣

随着中国的崛起，中华民族的伟大复兴也正由梦想变为现实。而法律史学，正是追本溯源于数千年华夏法制文明，凝聚百余年来中外学人的智慧结晶，寻觅法治中国固有之经验，发掘中华法系之精髓，以弘扬中国优秀的法治文化。中国古代以农耕文明为主，统治者要维持一个王朝的长治久安，需要将民生问题放在一个重要地位来思考，否则其统治不可能长久，秦的二世而亡正是例证。而商、周、汉、唐各有数百年的统治期，在这种较为长期的统治中，保障民生、体恤民情是当时的有德明君较为注重的方面。事实上，从西周开始的“敬天保民”“明德慎罚”，到汉代的“天人合一”，唐代的“德礼为政教之本，刑罚为政教之用”，可以看出在中国的历朝历代，统治者治国的主导思想是生民、保民，维持国家的长治久安。另外，中国古代所特有的家族制的宗法关系使得中国古代法有着很

浓的人情味，而这又与中国的农耕文明社会有关，与中国传统的儒家文化有关，与礼制观念有关。再加上自古以来的对“天”的敬畏观，也形成了中国古代法律独有的特色。本书在参考现实国情和本土法律文化的前提下，对唐代社会救济法律制度中的传统观念、司法理念、价值诉求等深层次问题进行挖掘，探索中国古代社会救济的发展道路。

（2）丰富中国社会救济法律史领域的研究内容

目前，学术界关于唐代社会救济法律制度的研究并不深入，已有成果的数量和质量远不如唐代法律制度研究的其他领域，而现有研究的中国古代社会救济制度的学者，目光主要集中在明清时期，对宋代之前的社会救济相关法律制度研究不够。本书力图从社会救济法制的角度对唐代社会重新进行审视和研究，提升民族自信心和文化自信心。唐代处于封建社会的鼎盛期，经过中国传统社会几千年的人文思想积淀以及经验积累，形成了比较完善和系统的社会救济法制，包括救荒、恤孤贫残、军人优抚等方面，与此前历代相比，唐代政府比较重视社会救济，采取了一系列法制救济社会成员尤其是灾荒时期社会弱势群体的生活，在中国古代传统社会救济史上占有突出的地位，对其进行研究可以促使我国古代的社会救济法律史的研究趋于整体化和系统化。

1.2.2 实践意义

一切真历史都是当代史。现代社会救济法律制度也需要植根于国情，保持理性，而理性的制度安排只能在对历史的深刻把握并认真吸取其经验教训的基础上才能产生。如果缺乏对我国社会救济思想和实践的历史借鉴，就无法全面准确地理解当前社会救济法律制度建设所面临的问题和困难，也无法设计出符合社会发展规律和社会传统文化的合理制度。研究唐代的社会救济史，可以促进我们古为今用，以历史为借鉴，为当代的社会救济制度的健康、持续发展提供经验。

通过对中国古代社会救济法律史的研究，可以为完善我国社会救济法律制度和体系提供借鉴。伴随我国市场经济体制的完善，政府作为公共权力的代言人，履行职能的范围逐步确定和健全。社会救济作为政府的重要职能之一，建立和完善社会救济体系是各国政府共同关注的话题。目前我国面临社会稳定与经济快速发展的协调统一，需要建立完善的社会救济体系，但目前我国的社会救济体系还存在着一定的问题，不仅需要研究当前的社会政治和经济发展状况，研究现行的社会救济制度的有待完善之处，还需要研究我国社会救济的发展历史，因为只有在历史的长河中才能考察其渐进变革，探求其运行规律，才能建立健全适应我国社会制度、经济制度、文化传统、风俗习惯的社会救济法律制度及体系。我国的基本国情之一是现有十四亿多人口且正在步入老龄化社会，这表明政府承担的社会救济责任非常艰巨，需要社会各方面的配合；我国基本国情之二是整个社会尚处于变革以及新旧体制交替、新情况新问题不断出现的时期，建立社会救济体系任务艰巨；我国基本国情之三是地区发展不均衡，东西部地区，内地、边远和沿海地区的发展差异巨大，这就需要实行地区有别、城乡有别的方式来进行过渡。以上种种，决定了中国的社会救济制度亦不可能照搬外国的模式，必须在尊重我国国情前提下进行，以期达到促进社会和谐稳定，人民安居乐业。

1.3 国内外研究现状

1.3.1 国外研究现状

唐代法制作为中国法制的研究热点，一直为外国学者尤其是日本学者所关注，这方面的相关著作比较多，以仁井田升、滋贺秀三、八重津洋平、池田温、奥村郁三和大野仁为代表，他们对我国唐代的法典体系、法律内容、法律基本特点进行了广泛研究；在具体救济制度方面，善峰宪雄、道端良秀对唐代病坊进行研究，认为唐代悲田养病坊属于民间慈善机构，受到了佛教思想的影响，经营主体是寺院，运营经费由寺院筹措；英国崔瑞德、德国 Gerald H. Haug 认为，唐代的兴亡和唐后期灾荒救济不力存在着一定的关系；夫马进认为，中国是传统的农业国家，具有集体和自然界进行抗衡的传统，这种传统之下，家国一体，国家或政府介入公民个人生活并进行救济历来被视为政府的职能之一，是政府不可推卸的责任；冈野诚认为，中国传统社会文化存在着家族观念和集体主义思想，同时又有明君治国与父权制度的政治思想，促进了对专制政府的需求，集体的福利是优先于公民个人的自由的，而公民为了这种福利也乐于用自由进行交换；而弗朗斯瓦·魁奈认为，中国的国家有宗法社会的特征，国家相对来说在救济方面强势主导，社会成员也以国为家，并进行一定的自助和互助。

总体来说，由于文化、语言各方面的限制，国外的相关研究多集中在法律制度的形式、特点等宏观方面，很难对我国社会救济的具体制度进行深入研究。

1.3.2 国内研究现状

目前国内学术界形成的通识是，虽然社会救济是个近现代概念，在中国古代并无此名词，但是相关的思想和制度早已存在。

（1）中国传统的灾害救济思想、制度的研究

王子今、王文素按照朝代更迭顺序，分析和论证了从远古到近现代的中国社会救灾思想，基本将其分为唯天命论—天命为主、人力为辅—人力救济为主三个阶段。曾国安以九论（天命主义、赈济论、调粟论、养恤论、安辑论、放贷论、仓储后备论、社会互助论、节约论）概括地介绍了我国历代灾害救济思想。有学者认为，中国古代的社会救济思想基本可以说贯穿着从周代开始的民本思想，后通过儒家仁义学说扩散，在公元1世纪佛教传入中国，与其慈悲观念和因果报应说结合，以及民间所流传的道教思想，形成了传统的灾害救济思想的基础（王卫平，2004；陈军，2010）。同时，这些思想和统治者的社会管理思想、理想社会论思想结合，逐渐成为有中国特色的社会救济思想。

一般而言，制度方面可以分为通史和断代史两个方面。通史研究中，以邓拓为代表，对中国历代灾害及救灾历史进行了系统研究，基本可以分为灾害史实分析、历代救灾思想的发展、历代救荒政策三部分；另外还有黄伯录、陈高傭、李秦初等均有相关的论著；高文学对中国古代的自然灾害发生及社会救济情况进行了探讨。断代史的研究可以说更为丰富，如陈业新著的《灾害与两汉社会研究》，采用丰富的史料，从两汉自然灾害与政治、经济、文化关系入手，研究灾害发生的原因及其给社会造成的深刻影响；甄尽忠对汉代的社会救济从主体、内容、作用方面进行了研究；张文著的《宋朝社会救济研究》，按照救济对象的不同，分为“对灾荒人群的救济”“对社会贫穷人口与社会弱势群体的救济”“对社会特殊群体的救济”三大部分，更接近当今社会救济理论研究的范围和口径；陈烨、刘宗志著的《救灾与济贫》，主要对清代以国家为主体、民间为补充的救灾和济贫工作做了详细描述和深入探讨。除此之外，李向军（1995）、王卫平（2007）、阎守诚（2008）都对中国古代救灾方面进行了断代研究。

（2）唐代灾荒救济思想和法律制度研究

有学者认为，唐代的灾荒救济思想在继承祈天弥灾、民本、仓储与积贮、移民调粟等思想的基础上有所发展，这主要表现在唐出现了系统阐述包括社会救济思想在内的各种社会治理思想的经典著作（丁建定，2015），以及从皇帝到宰臣等人提出了比较系统的防灾、减灾及其他社会救济思想，开始从人与自然和治理不善等方面解释灾害发生的原因（周美志，2010），以及提出对贫民加以区分以便更好地实施救济的思想（李立博，2015；王琦，2016）。另外，还有学者通过唐代关于一些灾害的成因与应对之举的研究，认为这一时期的社会救济思想正在发生一些显著的变化，标志着中国古代社会救济思想开始走向新的时期（王冲，2014；张诚然，2017）。

唐代在中国古代救灾制度史中处于承上启下的阶段。有学者认为，唐代已经形成了比较完备的灾荒救济制度，包括事前的预防法制（张弓，1996；潘孝伟，1993）和事后的对灾民的救济法制（裴恒涛，2014；丁建定，2015）。事前预防法制包括建立义仓、常平仓等仓储制度（张弓，1993），以及通过立法的方式规定兴修水利、消除水害（孙绍骋，2005）；

在灾害发生后，有相应的灾害奏报程序的法律规定（张文，2004；魏明孔，2007），以及比较完善的救灾监察法制（毛阳光，2007）。同时，唐代对遇到灾荒采取的救济手段也通过法律的形式固定下来，包括了赈济、养恤、蠲免等制度（黄美，2008；李邦儒，2008）。

（3）唐代的其他社会救济法律制度研究

这部分内容包括对社会弱势群体的救济、社会特殊群体的救济、医疗方面的社会救济三部分内容。对社会弱势群体救济主要是针对唐代对年老之人和妇女以及残疾人进行的赋税减免、受田优待、侍养等方面的救济（宋立，2006；王培，2006；王炜林，2011）。对特殊群体的救济，主要是对军人、官员、学生的照顾和优抚，有学者认为这些人属于统治阶级或者统治阶级所依靠的人，历朝历代都受到各种优待，唐代也延续了这种制度（闫守诚，2006）。有学者认为，在医疗方面的救济，唐代深受佛教思想的影响，寺院在社会救济尤其是养病方面发挥了很大作用，同时受到国家从法律上的支持（裴恒涛，2009；盛会莲，2004）。

纵观以上研究，存在以下问题：①研究视角方面，目前多从史学的角度进行研究，缺乏从法律史角度的相关研究，法律内容较少，远不及历史学界的研究。②研究方法方面，主要停留在校补、考证等资料汇编阶段，未对唐代社会救济法律制度进行理性思维研究，这方面以论文居多，而专著很少，介绍性的成果多，分析性的成果少；同时还存在重视官方典籍，轻视民间资料的现象。③研究内容方面，缺少对唐代社会救济制度的体系化研究，对相应社会救济的主体往往只限于国家，忽略了社会、宗族的作用；对负有救济责任的失职官员的法律制裁、独立的救济机构的设置研究不够深入；对化外人（在唐的外国人）和少数民族的特定救济制度研究缺失。

1.4 研究内容

唐代的社会救济法律制度是唐代法制体系中不可或缺的组成部分，本书研究的主要内容包括以下几个部分：

第 1 章绪论部分介绍了本研究的选题意义、国内外研究现状、研究内容、研究方法及创新之处，对涉及的一些基本概念进行了界定。

第 2 章主要介绍唐代的社会救济思想及其运行环境。通过分析唐代的君臣包括唐太宗、姚崇、卢携的思想来体现唐代的社会救济思想。同时，研究唐代社会救济制度的运行环境，包括政治环境、经济环境、文化环境、自然环境。以得出其思想和社会环境之间的关系。

第 3 章研究唐代社会救济的主体。研究唐代以政府为主导形成的救济主体，包括政府、宗族、社会三部分，以及在政府之下的社会、宗族所起的作用。

第 4 章研究唐代的灾荒救济法律制度。唐代所制定的在灾荒发生后具有法律效力和普遍适用性的救济制度，包括四方面的内容：第一，唐代的灾害概况及其所产生的危害后果；第二，唐代法律在灾荒救济中的规定，涉及关于勘报灾情、发赈救济、蠲免及缓征钱粮等方面的法律规定；第三，唐代灾荒救济中的吏治，涉及唐代灾荒救济中的官吏责任、灾荒救济中的渎职处理以及灾荒救济的案例分析；第四，唐代政府有关灾荒预防的法律制度，涉及建立仓储的法律制度、仓储的管理机构及法律责任。

第 5 章研究唐代对社会弱势群体的救济法律制度。本章主要是对老人、妇女和残疾人的救济法律制度进行研究。包括唐代如何从法律上界定年老以及残疾的标准及等级，按照不同的等级进行受田优待、减免赋役、对老人的侍养，以及对妇女的具体救济制度。

第 6 章研究唐代对特定人群的救济法律制度。主要涉及对官员和军人、学子的救济制度以及对化外人和少数民族的救济制度，前面三者均是和统治阶级利害相关的阶层，在各代都受到特殊关照。对官员及官员家属的救济，包括对无力回籍的官员及家属的救济制度、对贫困官员及家属的救济制度、官员死亡的救济制度；对军人及家属的救济制度，包含了受田优待制度、减免赋役制度、优待家属制度；对学子的不负担课役、减免食宿的制度。后两者主要是针对唐代当时国力强大，国内外国人及少数民族人数众多，为他们所特别制定的救济制度。

第7章研究唐代社会救济法律制度的特点、历史地位及当代借鉴，对唐代的社会救济制度进行横向的和纵向的比较。第一，纵向比较。主要是和秦、汉、宋、明朝代从救济对象、救济手段、救济范围进行对比，进而总结出唐代社会救济方面在数量上和效果上所取得的成就以及所开创的新的局面。第二，横向比较。和同时期世界上的其他国家的社会救济制度从主体、对象、动机等方面进行比较，进而进一步得出唐代社会救济法律制度的特点和历史地位。第三，当代借鉴。文化具有传承性，我国当代法制化建设既要避免全盘复古也要避免全盘西化，本书对唐代在社会救济法律制度中的合理成分以及具有民族特色的部分，研究其对当代法制建设的借鉴作用。

最后是结论和展望。

1.5 研究方法

1.5.1 历史分析法

任何问题的出现总有其历史渊源，通过追本溯源，可以把握问题的来龙去脉。本书在中国古代及唐代社会救济产生和发展历程的研究中用到了历史分析的方法。

1.5.2 文献研究法

通过对文献的收集、整理、研究，形成对该事物的科学认识。通过分析唐代社会救济的相关文献来获取资料，从而全面准确地了解研究对象，并进行客观而详尽的解读。

1.5.3 比较分析法

比较分析法是以一定的标准，研究两个或两个以上相互有关联的法律事务之间的异同，并发现共同点和差异点的方法。本书运用比较分析法对唐代的社会救济制度和西方的社会救济制度在理念及制度设计方面进行比较，从而进一步分析中国古代社会救济制度的特点。同时，总结出唐代的社会救济法律制度对当今的可借鉴之处。

1.6 写作意图

作者希望在借鉴前人研究成果的基础上，经过文献搜集、整理以及归纳，对唐代的社会救济制度从法律层面进行比较深入的研究和总结，包括：

①较为系统地收集和整理并分析唐代社会救济的法律制度。并在此基础上，对唐代的社会救济法律制度进行系统分析、研究，论述其与中国传统社会救济思想与实践的渊源及发展，分析其异同，并寻找原因。

②运用法学、历史学相结合的方法进行研究。一方面，运用历史学的方法复原历史原貌，运用官方典籍以及出土文书的记载，还原唐代社会救济法律制度的原貌；另一方面，运用法学的概念、原理和逻辑体系，对唐代社会救济法律制度进行深入和系统的分析研究。

③在比较唐代社会救济法律制度与我国当代社会救济法律制度的基础上，提出前者对后者的借鉴意义。在此部分作者坚持本土化的立场，立足本国国情和本土法律文化，站在现代社会救济的角度，与时俱进，结合我国的实际情况，探索具有中国特色的社会救济体系的构思，提出完善我国社会救济法律制度的具体设想。

1.7 基本概念的界定

1.7.1 唐代及唐代法律

唐代是中国封建社会最强盛的朝代，也是世界公认的代表中国封建盛世的名片。从公元618年李渊开国，到公元907年，历经289年时间，其间经历公元690年武则天改国号为“周”，公元705年唐中宗李显恢复大唐国号，公元755年“安史之乱”后开始衰败，直至公元907年梁王朱全忠篡位灭亡，共有21位皇帝。

唐代的法律全面继承了自夏商，尤其是秦汉以来中国历代王朝的立法和司法的丰富经验和优秀成果，并在此基础上加以补充，形成了较为完善的法律体系，内容丰富、体系完整、技术成熟，大大超越了前朝的水平，代表了中国封建立法的最高成就，并成为后世立法的楷模和蓝本，后世立法精神和各项原则制度基本都依唐律。在当时世界上，强盛的唐王朝也是亚洲的政治、经济、文化中心，东亚、南亚各国仰慕唐王朝的先进文化包括法律文化，纷纷来唐学习，这使得唐律的影响远播国外，被日本、朝鲜、越南等国继受，形成了世界五大法系之一的中华法系。如果把古罗马法作为奴隶制法的代表，把拿破仑法作为资本主义法的典型代表，则唐代法律以其鲜明特点和广泛影响堪称是世界封建法制法的杰出代表。

1.7.2 社会救济及相关概念的界定

社会救济在《辞海》中被定义为，“国家和社会对无法维持生活的公民的救济”①；在《中国大百科全书·社会学卷》中定义为：“国家和社会

① 《辞海》第六版，上海辞书出版社2010年版，第2008页。

对贫困者提供的最低水平生活需求的物质援助，并增强他们适应社会生存能力的一种社会保障制度。”这两种解释大意相同，后者的定义更到位，结合这两种说法，可以从四个方面定义社会救济：一是对社会救济主体的定义，应该是国家和社会；二是对社会救济目的的定义，是维持成员的最低生活需求以及增加他们的生存能力；三是对被救济对象的定义，是对社会中的贫困者；四是对使用手段的定义，是依法进行。但近年来在学术界有些学者将“社会救济”与“社会保障”以及“社会福利”几个词相提并论，所以在此说明一下。

社会保障是一个近现代的词汇，由英语“Social Security”一词而来，也称作“社会安全”，目前可考证的最早使用是在1935年美国颁布的*Social Socity Act*（《社会保障法》）中，此后这个概念被世界所接受。《中国大百科全书》将社会保障的定义为：“国家和社会依法对社会成员的基本生活予以保障的社会安全制度。劳动者在丧失或中断劳动能力，以及遭受各种风险而不能维持最低水平的生活的情况下，有从国家和社会获得物质帮助的权利。为社会成员提供生活保障是国家和社会应尽的责任。”胡乐亭认为，在社会保障中包含了社会救济、社会保险和社会福利三个层次，其中社会救济是最低的层次，主要是保证被救济者的最低生活需要，是对符合特定条件的人进行的扶贫；相对社会救济来说，社会保险具有更高的层级，是对社会的劳动者和自营者进行的更好层次的生活保障，其资金主要来源于国家和被保险人个人的缴纳；社会福利则属于社会保障的最高层次，以让社会成员生活更加美好为目的。郑功成在其《社会保障学》中也提到，社会保障的历史是沿着社会救助、社会保险、社会福利的途径逐渐前行并不断完善的，也即社会救济是社会保障中的最低层次，社会福利是最高层次，社会保险是中间层次。

在中国古代，政府采取的措施主要包括救灾备荒、扶老济幼、对特定人群进行抚恤，目的是在当时社会财富还不充裕的阶段，避免弱势群体的冻饿而死，维持基本的社会需要，属于社会救济的范畴。而对于较高层级的社会保险以及社会福利，显然在唐代还无法涉及，所以在此处采用社会救济一词。本书研究内容包括四方面：唐代社会救济的主体是当时的国家和社会；救济的对象是陷于贫困或者不利境地的社会成员；救济的目标是维持生存；社会救济的手段是对社会财富主要是国家财富进行再分配。在此基础上，社会救济的对象分为三个方面：对灾后人群的救济、对弱势群体的救济和对特殊人群的救济。对灾后人群的救济是灾荒发生后临时性的救济和发生之前预防性的救济结合的；对弱势群体的救济主要包括鳏寡孤独和老弱病残，属于济贫恤孤；对社会特殊群体的救济有优待抚恤的性质，是因为该群体身份较为特殊而予以一定的照顾和救济，实质是带有优待性质的安抚救济。

社会福利这个概念出现得就更晚了，大概是在20世纪才出现的，属于现代词汇。现代社会福利是国家和社会通过社会化的福利津贴、实物供给及相关服务，满足社会成员的生活需要并促使其生活质量不断得到改善的各种措施、政策和制度，专指国家和社会通过社会化的福利措施和有关津贴，以满足并促使其生活质量不断得到提高和改善的一种社会制度。它的目的并不是保证让灾民、平民或者社会弱势以及特殊群体维持一个基本的生活水准，而是通过各种更高水平的福利性的措施、制度等让全体社会成员的生活水平在现有的基础上进一步提高并且改善，不仅达到生活上的富足，而且达到精神和文化层面上的满足。其主要标志应该是各项福利政策广泛且持久推广以及福利国家的出现。把中国古代统治者所实施的对贫弱、灾病以及特殊群体的救济制度称之为福利制度，是不符合中国古代的客观实际情况的，对当时的社会状况也有美化的嫌疑。应该说，在中国古代，社会福利的思想萌芽已经有所出现，比如人们所熟知的孔子所云的，"老有所养、幼有所教、贫有所依、鳏寡孤独废疾者皆有所养"，就是孔子在《礼记》中描绘出的福利社会的美好愿景，但具体到福利制度和政策，应该说当时的社会远未达到这个水平。即使在当代，良好的福利制度和政策也是我们的奋斗目标。

第 2 章

唐代社会救济概论

任何事物的发展轨迹都是和社会环境密切相关并不断受到社会环境影响的。唐代的社会救济法律制度的形成与发展也离不开当时的社会环境，包括政治环境、经济环境和人文环境，为了更深刻地认识和了解唐代的社会救济法律制度，我们以唐代的社会基本背景作为研究唐代的社会救济法律制度的切入点。

2.1 唐代的社会环境

2.1.1 政治环境

唐代在中国历史上是一个开创性的时代，并且成为中国古代封建盛世的代表，社会救济法律制度的制定与其社会制度有很大关系。

（1）中央政治体制的集体集权

政治上，在中央层面，唐代不同于秦汉的行政体制，建立三省六部制。中国社会从秦始皇统一六国设立郡县制开始，形成高度统一的中央集权的政府。西汉立国之后，开始实行的是封国与郡县并存的行政体制，导致诸侯王势力不断增长，形成了新的地方割据状况，严重影响中央的权威，政权出现问题。为解决问题，汉景帝在削藩的基础上，平定西汉七国之乱，收回王国官吏任免权。汉武帝时，又颁布了推恩令及其他举措，解除了诸侯王的威胁。汉武帝后又接受了董仲舒的建议，实行“罢黜百家，独尊儒术”，找到了一种最适合封建专制主义中央集权政治制度所需要的理论基础。从此，封建政治制度的政体基本定型，专制主义中央集权的制度得以巩固。

到唐代，和汉代政府的最大一个不同点在于相权的变动。汉代的宰相类似“独任制”，一人掌握全国的行政大权，宰相之下有御史大夫，行副相之职，并掌管全国的监察权，国家大事是由皇帝、宰相和其他廷臣来处理；而唐代的宰相类似“委员会制”，中央机构由中书省、门下省和尚书省组成，中书省长官为中书令，门下省长官为侍中，尚书省长官为尚书令，三省的实际掌权官员共同执掌宰相的权力，相当于汉代的一个宰相。所以唐代在中央层面形成的中央集权实际上是一种集体的集权，在三省之中各有权力分配，形成了一定的权力监督。当然这种集体集权无法脱离当时封建社会的大背景，最后所有的权力都是集于皇帝一人，由皇帝把持立法、司法、行政所有权力，但同时唐代中央机构有自己明显的特点。

第一，三省六部各司其职，分权制衡，集体领导。三省之中，中书省主管发布政令。政府的政令，一般都是以皇帝的诏旨形式出现，称作“敕”，都是由中书省拟定并发出的。中书省中除了正长官中书令之外，还有副长官中书侍郎，中书侍郎之下还有中书舍人，员额有七八人。中书舍人官位不高，但是有拟撰诏敕之权，中书省的命令多由他们拟写。中书舍人拟好诏旨后，经过中书侍郎和中书令的补充润色，交由皇帝加“敕”字后，即成为皇帝的命令，再转到门下省履行下一步程序。所以唐代政府制定皇帝诏旨之权，实际上是在中书省手中，皇帝只是同意加敕而已。门下省长官侍中及副长官侍郎接到诏旨后需进行复核，实际就是对诏旨进行审议，审议的时候除了侍中和侍郎等长官之外，还有“给事中”官员，也需要发表意见。如果门下省审核通过，交由尚书省执行；审核未通过，需将诏旨批注后送还中书省重新拟旨，称为“涂归”。尚书省是行政执行机关，长官为尚书令，副长官设左、右仆射，尚书省下设吏、户、礼、兵、刑、工六部，每部又下辖四司，共二十四司，负责处理全国的人事、户口土地、礼仪教育、军事、司法和工程等各类事务，尚书省仅有执行命令之权而无决定命令之权。由此可见，唐代的三省之间分别拥有提案权、审核权和执行权，彼此之间形成了分权和制衡的关系。

中书省和门下省的长官都相当于宰相。中书省和门下省因为彼此公务紧密联结，在皇帝需要下诏敕的时候经常举行联席会议，会议场所称为“政事堂”；中书令和门下侍中因为具有决定国家大事的权力所以被称作“真宰相”；尚书省因为李世民曾经担任过尚书令，及其即位后无人再敢担任此职所以长期空缺；尚书省副长官即左仆射和右仆射，在获得出席政事堂会议资格后，也即获得了宰相的身份。到武则天时期，因为实行官、职分离的制度，很多官品不高的官员获得“参知政事”“同中书门下平章事”等头衔，参加政事堂的议事，行使的也是宰相的职权。唐代的宰相实际是一个群体，是集体领导的“委员会制”，宰相手握军政大权，掌握国家命运，但是群体内任何一个独立的个体，都无法和皇帝相抗衡，既形成了集体领导避免个人的错误判断，也防止了权臣坐大威胁皇位。对此，Keith M. Henderson 评论云：“中国有世界上最古老的官僚制度。”①

第二，御史台执掌监察权。御史台是中央监察机构，职责是“掌持邦国刑宪典章以正朝廷”。② 御史台长官为御史大夫，并有御史中丞辅佐。在御史台下设台院、殿院、察院三个部门。台院是御史台的主体，设侍御史四人，负责监察中央百官并参与大理寺和刑部的大案审理，皇帝交付办理的案件御史台也要参与审理；殿院设殿中侍御史若干人，专掌纠察朝仪、巡视京都以及朝会、郊祀等，以维护皇帝的尊严为基本职责；察院设监察御史十人，执掌对中央六部及地方州县官吏的监察。御史台有监察行政官员、监察司法和参与司法审判的职能，如唐代确立的“三司推事”的制度，就是由御史台会同大理寺、刑部共同审理重大疑难案件。

第三，九寺五监协助工作。唐代的中央机构中，九寺五监也是重要的组成部分，其属于独立的中央职能部门，和尚书省六部在职级上基本平级，没有法定隶属关系，但职权与六部重叠较多，实际存在分工和制约关系。六部主管政令，九寺五监分别负责某一方面的具体事务。

九寺包括：光禄寺，掌宫廷宿卫及侍从；太仆寺，掌舆马畜牧之事；太常寺：掌宗庙礼仪；宗正寺：掌天子宗族事，后来改为宗人府；大理寺，掌刑狱案件审理；卫尉寺，掌门卫屯兵、军器仪仗、帐幕之类；鸿胪寺，掌国宾和礼仪；少府寺，掌山泽之事，又掌宫中服饰衣物、宝货珍贵之物；太府寺，掌钱谷金帛诸货币。五监包括：国子监，执掌文教；军器

---

① Keith M. Hedderson, O. P. Dwivedi, Bureaucracy and the Alternatives in the World Perspective, St. Martin's Press 1999, P131.

② 《旧唐书·职官志》。

监，负责兵器制造；都水监，负责水利建设；少府监，负责手工业制造；将作监，负责兴建工程。在这些机构中，太府寺、都水监、将作监都是社会救济的管理机构。

（2）地方政府体制完善

唐代的地方政府，分为州、县两级，行政和司法职能合一，主管“兵、刑、钱、谷等事”。唐代有三百五十八个州，一千五百多个县，州和县都按人口多少分为上、中、下三等。州设刺史，掌管全州的事务，下设别驾、长史、司纪、司兵、司法参军等官吏；县设县令，掌管全县的事务，下设县丞、主簿、县尉等官吏辅助政务。地方官皆由中央任免，三年一任。县下有乡、里、村等基层组织，百户为里，五里为乡，乡设乡长，里设里正，乡下居民分散地区设村，村有村正。里正与村正，负责兵役摊派、赋税收纳以及劝课农桑等事项。除此之外，基层组织对村民还有监督的职能，基层社会形成了较为严密的邻保组织。《唐令拾遗》中有记载，邻保之内如果有来客住宿或者某人有异常行为，必须告知官府，否则会受到一定的处罚。唐代社会救济的法律制度也是依靠地方政府及基层组织贯彻执行。

此外在边塞地区设都督府，以大都督为长官掌管军事，唐玄宗开元时因国防需要在沿边、沿海各地设八个节度使。安史之乱后，内地亦相继设节度使，总管所辖诸州的军事行政、财政大权，自由任命官员，掌握本地赋税收入，拥有了独立于皇权的权力，形成后世所说的藩镇割据现象。节度使原先由朝廷任命，其后权重坐大，遂自行转授或世袭其职，逐渐形成了割据一方的势力。这也是唐中后期衰亡的重要原因之一。

在官吏选拔方面，唐代沿袭隋代所建立的科举制度，不论出身，层层选拔人才，建立了一支官僚队伍，而且官员的任用权力全部集中于中央的吏部，州县长官无权任用下属。《唐律疏议·职制篇》《唐六典》等法典对官吏的渎职、违法犯罪行为的处罚做了明确而详细的规定。如在《唐六典》中将所有的公务事项分为小事、中事和大事，规定了五天、十天、二十天的实施期限，没有特殊情况不允许延长，延误要受到法律制裁。另外，唐朝对官吏有考核制度，每年一小考，三年一大考，考核依据“德、政、勤、能”分为九等，对于不合格的官员有降官、减禄、罢官的处罚。在进行相应的社会救济事项的时候也适用此类规定。

综上所述，唐代中央的三省六部制明确了三审的职权和分工，相互配合，相互制约，权力最后集中于皇帝。监察制度对各级官员进行监督，防止了行政权力的滥用和不作为，最后达到了全国一切政令皆出于中央，使较为完善系统的立法成为可能，也才有可能制定出较为发达的社会救济活动的法律制度。同时，各级政府组织设置合理，分工明确，权责对应，行政效率较高，这对于社会管理极其重要。也由于各政府机构管理职责清晰，责任明确，所以对社会救济，就成为可能，为社会救济法律的制度化和法律化创造了重要条件。

2.1.2 经济环境

唐代的社会救济法律制度的实施，与唐代繁荣的经济密不可分，在经济昌盛的基础之上，唐代的社会救济也随之做得越来越好。唐代的经济繁荣主要表现在农业、手工业和商业三个方面。

（1）农业发达，人口增长

作为传统的农耕之国，整个唐代的经济是以农业为基础的。唐代政府为了抑制世家大族和豪贵对土地的兼并，保证农民有田可种，在武德七年的时候颁布均田令和租庸调法令，把控制在国家手中的荒地按照农民的人丁数量定期分配耕作并向农民征收租调徭役，使得无田可种、背井离乡的农民又得到了土地，生活安定下来，对农业生产的恢复和发展起到了积极的作用。唐代的粮食作物，在南方以水稻为主，而且普遍采用育秧移植栽培技术，在南方已经出现了一年两熟的耕作制；北方粮食作物以粟为主，采用两年三熟的耕作制。原产自长城以北和青藏高原的荞麦，在唐代开始广泛在黄河流域耕种，这使得唐代的农业收成比起前朝有明显的增加。同时，耕地面积不断增加并且大规模兴修水利工程，唐朝前后兴建大小水利工程三百多个项目。武德七年时，通过开渠引黄河灌溉龙门地区六千余顷田；贞观十八年，修筑扬州句城塘，灌溉田地八百顷；永徽年间，在幽州引卢沟水，广开稻田数千顷……①这些措施充分反映了唐代统治者对农业生产的重视。

唐代农业发展的另一重要因素是其农具的改革。耕地的农业工具中，唐以前耕地用直辕犁，回转困难、耕地费力，而唐代发明了短而轻便的曲辕犁，极大地提高了耕作速度。并且当时已经开始使用有齿的耙和有觚棱的碌碡等农具来清理杂草、平整耕地，提高了单位亩产量。唐代的镰刀两头窄、中间宽，比之前代的前窄后宽的镰刀更便于收割农作物。农具改革的另一个重大成果是水车的运用，唐代发明了筒车用于农田的灌溉，引水灌溉的效率极高。据元代农学家的记载，一个筒车一天可浇灌田地百亩以上，随之耕地总面积也有了大幅度的增加。《通典·食货典·田制》中有记载，天宝年间的应授田达到一千四百三十万三千八百六十二顷十三亩。唐代农业生产工具的改进，水利灌溉事业的普遍发展，使得农业生产力大为提高，人口数量也大量增加。据《唐会要》《旧唐书》和《通典》记载，武德初年唐代约有二百万户，贞观年间不满三百万户，到唐高宗永徽年间已达三百八十万户，人口一直呈直线上升的局面。唐玄宗天宝十四年，已至八百九十多万户，人口已到五千二百九十余万人，这是唐朝全盛时期。②

（2）手工业长足发展

唐代手工业颇为发达，门类齐全规模庞大，工艺水平尤高。唐代当时已经出现了许多较高知名度的手工业城市，如以生产丝织品闻名的河北定州，生产瓷器闻名的河北邢台，以及以生产纸张和金属器具闻名的成都，以制造铜器闻名的山西太原和以造船纺织皮革为特色的扬州。唐代手工业按照其经营性质可以分为官府手工业和民营手工业两种。

第一，官府手工业与和雇制度。官府手工业是由专门的官署来管理的，主要分为三类。其一为日用品制造，由少府监主管；其二为土木营建，由将作监主管；其三为军用品制造，由军器监主管，这三监所属的手

① 王仲荦：《隋唐五代史》，上海人民出版社2016年版，第333页。
② 同上，第347页。

工业均系中央政府直接控制的。这三类中，少府监“掌百工技巧”，主管的日用品手工业规模最大，隶属的机构也最多，役使的工匠达一万九千八百余人，而少府监“掌供邦国修建土木工匠”，工作的工匠达一万五千余人。早期的工匠以轮番匠为主，这些人是从民间征调服役的工匠，每年以二十天为限，即一番。服役期满即回原籍，换另一批轮番匠继续。轮番匠的手艺高低不齐，从事作业的时间也较短，并且千里应役、征调工匠会严重地影响生产，在这种情况下，官府在轮番匠中挑选一部分手艺高强的工匠，留住不放，将其转为长上匠，工资按日结算，这样轮番制度变为长上制度，由劳役劳动变为雇佣劳动，而这种转变使得手工艺工匠由原来的身兼农民、工匠两职变为纯手工业从业者，能投入更多的时间提高技艺，为唐后来高超的手工业水平做了铺垫。

第二，民营手工业。随着农业的发展，唐代的民营手工业也有了长足的发展。民营手工业是在家庭手工业的基础上逐步发展壮大起来的，这类手工业是和农业紧密结合的，主要集中在纺织业和粮食加工业方面。纺织业主要是绢和麻布的织造，在天宝年间，政府每年向产丝的郡县征收绢七百四十余万匹，向产麻的郡县征收麻一千零三十五万余端。而当时全国的人口，据《通典》记载五千二百多万人，这也说明当时与农业牢固结合的纺织业，比之从前有了巨大的发展。其中的丝织业，不仅在产量方面达到很高的数字，在质量方面也有巨大的提高。如当时有名的绫的品类，有河南府的文绫、滑州的方纹绫、蔡州的云花绫、青州的仙文绫、杭州的白编绫等数十个品类；罗的品类包括了春罗、孔雀罗、瓜子罗等十几种著名的产品。《太平广记》中记载，唐定州何明远，家有绫机五百张，可以推算出工匠人数应在千余人左右，可见当时民营手工业的规模。在唐代吐鲁番出土的唐代文书中记载着当时高昌市场上纺织品出售的价格，有布、锦、绸、绫等十余种品类，其中锦的价格是最高昂的。

第三，工艺水平高超。无论是官营的手工业还是私营的手工业，唐代都出现了一片兴盛的局面，并且手工业制品达到了很高的工艺水平。新疆阿斯塔纳地区所出土的唐代的织锦，图案精美、品种多样，达到当时世界前列水平。《旧唐书·五行志》中记载：“中宗族女安乐公主，有尚方织成毛裙，合百鸟毛，正看为一色，旁看为一色，日中为一色，影中为一色。百鸟之状，并见裙中。”而百鸟裙的制作方法到现在还不是十分清楚。随着丝织业的发达，染印的技术也有提高，唐代织染业出现的印花染色工业工艺，是中国织染史上的一个突破。除此之外，在铜镜的制造方面，唐代较魏晋南北朝也有了很大发展，其打破了圆形镜的传统形式，发展出一种八棱弧形的菱花镜，反映出其高超的铜镜制作水平。而经营细工的制作方面也有很高的成就，在西安唐大明宫东晋院遗址中发现的唐玄宗天宝时期的流金盘，盘如花朵，四周花纹围绕，形象生动，气势雄伟，其工艺水平在今天看来也非常高超。唐代制瓷技术也非常突出，唐三彩在色彩、造型、工艺等方面，都远超前代，开创了陶瓷制造的新时代，在国际上一直有较大的影响。

（3）商业发达

随着农业和手工业的发展，唐代商业也有了重大的发展。当时的西京长安、东都洛阳以及扬州、益州、汴州等地都是著名的商业城市。在长安，有东市、西市、南市、北市四个市场，市的周围有很多邸店，所谓“四面立邸”。《唐律疏议》记载：“邸店者，居物之处为邸，估卖之所为店。”邸相当于后世的货站和批发店，一般不经营零售；店相当于后世的商店，主要从事零售业。出售同类货物的店铺，集中开在一条街上，称作行，《长安志》中称，东市“内货财二百二十行，四面立邸。四方珍奇皆所集积”，西市“如东市之制”。洛阳有南北西三市，商业也非常发达，在《西京记》中记载，有一百二十多家商行，三千多家店，“货贿赂山积”。西京东都之外，唐代最著名的城市要算扬州了，扬州以丝织业闻名，锦袍、锦半臂、锦被，都是当时著名的产品。同时扬州是大运河的起点，浙江、江西的货物都要通过扬州，运载到关中去，当时停泊在扬州码头的船只已达数千艘之多，唐王朝的军国用途，主要依靠江淮财富，当时唐代的经济中心已经转移到以扬州为主的南方。扬州之外还有益州和汴州，其商业也是非常繁荣，为唐代中央政府提供了大量的税收。针对商业的繁荣，《唐六典》和《关市令》之中有专门的条文规定开市、商品的分类及对应的价格分等、市场之中交易程序、如何向官府汇报的相关规定。

唐代的商人除了有官府背景的官商和没有官府背景的私商外，还有外国商人。在唐代，外商的船舶往来不绝，除了到口岸时需缴纳部分费用，货物需要在官府市场交易一部分，其余可以自由地在邸店内与人贸易，同时也可以自由地来往各地。在广州、扬州、长安等地，均有外商的邸店。《唐六典》记载，唐代当时通商的国家达到三百多个，唐王朝设有专门的机构，如鸿胪寺接待外宾，有些波斯商人甚至世代居留在长安等地，可见当时唐代已经成为世界的商业交流中心。商业的繁荣促进了社会财富的积累，也促进了社会救济的发展。

随着商业的发展和大宗交易的需要，出现了接受私人钱财的存放和发放信用贷款业务的柜坊，其职能有点像后世的钱庄。同时柜坊还向穷人发放高利贷，可以用粮食、布帛等作为抵押物，又有点类似后世的当铺。和柜坊同时出现的，还有"飞钱"，类似后市的汇票。初期经营这种业务的是三司（盐铁、度支、户部）和各驻京的进奏院、诸军、诸使等机构，后来又出现了富商私营的情况。《新唐书·食货志》云："时商贾进京师，委钱诸道进奏院及诸军诸使富家，以轻装趋四方，合券乃取之，号飞钱。"飞钱的出现，有利于商业的发展，也避免了商人携带重金的不便。

经济基础决定上层建筑，由于唐代的经济实力飞跃性的发展，相应地在社会的政治、文化方面奠定了良好的基础，作为上层建筑的社会救济法律制度才能进一步发展，但到唐后期随着政治经济形势的变化，社会救济的实施效果也不尽如人意。

2.1.3　法律环境

唐代法律是在中国古代特殊的地理、经济、政治、文化社会环境下长期发展演变而成的，根植于中国古代社会的土壤之中，凝聚着中国数千年来历代统治阶级对礼仪等的思考，对法律作用的理解，对前代立法经验教训的深刻总结和对完美法律的不懈追求，因而它体现了中国古代法律文化独有的基本特征，从而也在世界法律史上独树一帜。如果把古代罗马法作为奴隶制法的代表，把法国拿破仑法作为资本主义法的代表的话，则唐律以其鲜明的特点和广泛的影响，堪称封建制法的杰出代表。

唐代成文法典以《唐律疏议》为代表。《唐律疏议》历经了《五十三条新格》《武德律》《贞观律》《永徽律》几个阶段，到《永徽律》完成，唐律基本定型，共十二篇五百条。后又增加律疏对其进行逐条逐句的解释，阐明《永徽律》的精神实质和重要原则以及立法意图、源流演变，并设问答，以解决法律适用中的疑难问题。律疏附于律文之后，和律文有同等的法律效力，即为后世的《唐律疏议》，《唐律疏议》达到了唐代法律的高峰。唐代的法律形式有律、令、格、式四种，而《唐律疏议》之中的法律形式属于律，即国家的基本法典，同时也在各种法律形式中稳定性最强，在实践中使用最广的法律规范，涉及生活的各个方面，包含了现代社会中民事、婚姻、继承、经济、行政、司法诉讼等多方面的内容。

其他法律形式中，令的作用为“设范立制”，是对律进行补充。在律没有明确规定的时候则依照令进行。相比律而言，令的形式较为灵活，是具体规定某一方面事物的规范，如经济方面的《田令》《户令》《赋役令》，行政方面的《官制令》《选举令》，司法方面的《狱官令》。由于令的内容是根据形式需要随时制定，具体规定某一方面事务的规范，因而随着时间的推移数量会越来越多。为保证法律的有效性和统一适用，需要对令经常修定，唐代较有名的令有《武德令》《贞观令》《开元令》。格源自汉代的科，是皇帝针对某些具体事项所发布的敕令，经有关部门加工整理后汇编成单行法规，效力往往大于法律，还有就是补充法律的规定，如唐律之中对不允许自首的犯罪规定了六种情形，在格中又补充了一种。式是国家机关的办事细则和公文程式。在律、令、格、式四种法律形式所组成的法律体系之中，以律为主，令、格、式为补充，凡违背令、格、式的行为及其他犯罪行为，一律依照律予以刑罚处罚，如违反《田令》《户令》私卖口分田或逃税的，依照《唐律·户婚律》的有关规定处罚；违反《礼部式》规定的不同品级的官员穿着不相应颜色官服的规定，依照《唐律·杂律》中的有关规定处罚。总之，令、格、式是对国家各项制度的正面规定，律是对违反这些规定的行为的刑罚处罚。唐代社会救济的法律制度中很多救济内容在令、格、式之中，对违反相应的规定应承担的刑事责任在《唐律疏议》之中。

唐代法律制度是在总结以往历代立法经验的基础之上完成的，除了中国古代成文法典都具有的诸法合体的特点之外，它的独特之一是科条简约、刑罚适中，与前期繁于秋荼的秦律和多达数百万字的汉律有天壤之别，即便是后世的明清时代，附有大量条例的明清律例也望尘莫及。同时，唐代处于中国传统社会经济政治文化发展的鼎盛时期，发达的社会文明在刑法制度上也有所反映。唐律中规定的刑罚制度在刑罚种类、死刑方式、刑期限制、量刑幅度及行刑方式各方面，都以从轻为原则，如规定了老幼疾犯罪的年龄构成标准及“十议”中谋叛以上的重罪区分情节予以处罚，都体现了统治者以“宽仁治天下 ”的精神，不仅比先秦的五刑有了质的飞跃，甚至比其后世的许多刑罚制度都轻缓了许多，被称为“得古今之平”。唐代法律制度独特之二表现为依礼制律，礼法合一，也就是以儒家主张的纲常礼教作为制定法律的指导原则和定罪量刑的基本依据，儒家的礼的要求和法的规范互相渗透，水乳交融，表现在唐律中所有的条文都是以儒家的三纲为出发点和落脚点，许多法律条文都直接来源于礼的规范。如大不敬、八议、同居相为隐等，都是将儒家的精神和律的形式紧密地结合在一起，并且还引用儒家经典作为律条的解释，以阐明礼教纲常的原则和统治者的立法意图。这个在《唐律疏议》的“注”和“疏议”之中随处可见。唐代法律制度独特之三是立法技术空前完善，这也是与唐代高度发达的经济、政治形势相适应，唐代的立法技术达到了传统社会的最高水平。制定唐律时，唐代统治者充分借鉴以往历代统治阶级的立法经验，继承和吸收了历代法律发展过程中的优秀成果，使得法典的编撰技术终于成熟完善，法律概念和法律术语的使用准确而规范。可以说唐律代表了中国传统立法技术的最高成就，也是我国传统社会发展到鼎盛阶段的产物，并成为中国封建社会后世的立法蓝本，同时对周边国家日本、朝鲜、越南有重大影响，进而形成了中华法系。与之相匹配的是唐代的社会救济法律制度，在此基础上，也具有一定的科学性和先进性，其内容和形式都达到了较高的水平。

2.2 唐代的社会救济思想

2.2.1 中国传统的社会救济思想

自古以来中国就是传统的农业国家，在农业耕作过程中靠天吃饭并要与自然环境进行不懈斗争，单靠个人的力量几乎无法生存，必须依靠部落氏族的集体力量才能存活下去。在集体生活中，每个强壮的劳力都会有疾弱的家人，自己也时刻面临着因受伤生病而无法劳作的风险，所以互助和互济是社会成员最好的共存自保的选择。在历史发展过程中，我国逐渐发展形成了比较完善的从民间到统治者的社会救济思想理论体系。

（1）深厚的民间思想基础

①儒家学说的影响。儒家学说形成于公元前500多年的春秋时代，历经多次沉浮，其思想逐渐渗透到社会的各个层面，并成为社会的道德标准。其创始人孔子，创立了儒家以“仁”和“礼”为核心的思想理论体系，并以“仁”释“礼”，提出了“均无贫”“泛爱众”“薄赋敛”以及“富民”“惠民”等思想，初步构建了社会救济思想的理论体系。

孔子作为儒家学派的创始人，以“礼”和“仁”的思想创立了儒学的基本学说。礼最初是原始社会进行祭祀的一套礼仪，后来西周通过“周公制礼”逐渐成为一套社会行为规范，其意义在于建立起一种“上下等级、尊卑明确的社会秩序”。孔子生在“礼崩乐坏”的春秋时代，为纠正当时的时弊，他希望通过“礼”来恢复心目中理想的周朝等级名分制度，提倡以“礼”来提高个体的道德自觉并用“守礼”来重新构建社会秩序；“仁”的实质是“爱人”，实质是处理人与人之间社会关系的原则，简单说就是爱一切人，无关阶级、等级，即着眼于人的共性而忽视阶级属性和社会地位的差别。孔子的“仁”的学说被后世儒家学者所继承，孟子认为

“仁”是“恻隐之心”，即爱人及怜悯之心，看到别人受苦不忍心；荀子则更直接地说，“仁，爱也”，形成了儒家学说中的博爱精神，设身处地去体谅世人和力所能及去帮助世人。

儒家的社会救济思想基础是其仁学思想体系，孔子最早确立的“人本位”的价值取向，在治国理政方面表现为“仁政”的主张。到战国时期，儒家弟子对孔子的仁政思想进一步发扬，形成了以“仁者爱人”和“民本主义”为核心的理论。“民本主义”思想的代表人物是孟子，他认为一个国家须以民为本，没有民也就不存在国家，据此提出了有名的“民为贵社稷次之，君为轻”的主张，阐发了民、国家、君主三者间的相互关系，将民置于最为重要的位置。没有一定数量的社会成员——“民”，就不可能有国家的政治形式——“社稷”，没有社稷，也就没有国君。由此孟子提出君主必须“爱民”“利民”“重民”，同时对鳏、寡、孤、独、老、幼等进行必要的特殊救济，《孟子·梁惠王下》曰：“老而无妻曰鳏，老而无夫曰寡，老而无子曰独，幼而无父曰孤。此四者，天下之穷民而无告者。文王发政施仁，必先斯四者。《诗》云：‘哿矣富人，哀此茕独。’”在孟子看来，仁政就是对鳏夫、寡妇、孤老、孤儿这四种世上最贫苦无靠的人给予特殊照顾；同时孟子还把儒家的孝悌敬老思想和老年人的社会救济结合起来，提出“五十者可以衣帛，七十者可以食肉，颁白者不负戴于道路”的理想敬老模式。并在此基础上孟子提出了理想社会的标准——“养生丧死无憾”,① 也即老百姓对父母的赡养和殡葬没有什么不满。

儒家的另一位代表人物荀子在孟子的思想上又有进一步的发展。荀子是战国末期人，在继承儒家传统学说的基础上又吸收了道、墨学派之长，是最早提出“礼法一体论”的人，并且带有浓厚的实证色彩，试图为统治者提供切实可行的治国之策，相对孔子和孟子的思想来说，更注重实际性和可操作性。荀子从统治者的角度出发，提出统治者要使政权稳定，则要“使民夏不宛暍，冬不冻寒，急不伤力，缓不后时，事成功立，上下俱富；

---

① 《孟子·梁惠王上》。

而百姓皆爱其上，人归之如流水”①，所要采取的措施就是“收孤寡，补贫穷”，并要对“鳏寡孤独”者作为特殊人群予以照顾 。

儒家思想以“仁”为核心，以“礼”的构建为表现形式，在谋求为君主提供治国之道的同时也在寻求君主与百姓相和谐的“仁政”的治国模式，形成了儒家的社会救济理论，并逐渐被统治阶级及社会主流意识所接受。

第一，其“仁政”的政治理论，设定了古代社会的仁君治国法则，并成为出台各项制度的价值判断标准。“仁政”成为衡量统治者的统治是否合格的首要标准和执政的基本资格，其根本出发点就是“爱人”。孟子认为：“三代之得天下以仁，其失天下以不仁。”② 国家要长治久安必须要以仁治天下。儒家“仁政”的具体主张包括救贫济弱以及体恤孤独。

第二，儒家的“民贵君轻”“民水君舟”的民本思想，要求君主爱臣民，富国先富民的思想，逐渐成为历代统治者的治国主导思想和重要的法律原则。其具体表现为主张“养民也惠”，要求统治者实行惠民政策，减轻百姓的赋税，主张赋税和徭役征收要“敛其从薄”，并“取于民有制”，即国家征收赋税、徭役要尽量少收，并且有明确的制度可循。

第三，儒家社会救济的设计对后世产生了深远的影响。一是其所描述的“天下大同”理想远景，一直被历代统治者奉为最高追求；二是其设计的救穷济弱的实体机构，包括以国君为代表的政权组织和以血缘关系为纽带具有宗法色彩的宗族和乡邻组织，都在后世被自觉或不自觉地应用到社会救济的理论及实践中。

②道教思想的影响。道教思想在中国古代也有一定的影响，尤其是在民间，受众比较广泛。道家创始人为老子，又名李耳，字聃，是春秋时期楚国苦县人。道家思想体系的核心是“道”，即道法自然，道生万物。其认为“道”既是世界万物的本源，也是宇宙运行的总规律，表现是“人法地，地法天，天法道，道法自然”。③ “道”又分为“天道”和“人道”，

① 《荀子·富国》。

② 《孟子·离娄上》。

③ 《道德经》。

老子认为“天道”均平，所以“人道”也应均平，以此来告诫统治者不要过度剥削，否则即违背“天道”。同时宣扬“圣人无积”，认为如果过多地积累个人财富，就破坏了“道”，违背了自然。老子认为民众饥饿的原因之一就是统治者的税收过重，逼得民众无法生活，这就是一种“不道”。老子还提倡行善去恶，《道德经》一书中就有“人行善恶，各有罪福，如影之随行，呼之应声”和“施恩布德，世代荣昌”等劝人行善的语句。道家的思想经过后期的演化，在民间逐渐发展为道教，其主要内容有倡导以富者仁爱之心进行一些慈善救济行为，“矜孤恤寡，敬老怀幼”“救人之急，救人之危”，并且宣扬行德积善之后有善报的报应论，对后世民间的一些社会救济及慈善行为的兴起有重大影响。道家思想主要是从统治者和被统治者相互依存的角度来看待社会救济的问题，老子认为“贵以贱为本，高以下为基”①，失去了一方，另一方也就无法生存，彼此之间是唇亡齿寒的关系，因此提出“圣人不积，既以为人，己愈有；既以与人，己愈多”②，认为圣人不必为自己积累财富，过多地为自己积累财富反而会招致祸端；给别人的越多自己所得到的也越多。

（2）统治阶层的社会救济思想

①“灾异天谴”——统治阶层社会救济思想的起源。中国历史发展过程中一直和“天”相关，如夏启在讨伐有扈氏的时候就说是奉“天命伐之”，而商汤讨伐夏桀的时候用的也是相同的理由，而且商代的统治者一直认为他们的统治权是“天”所赐予的。实际上因为远古的人类社会生产力发展水平的低下，各国的历史上都有类似“天”的神秘主宰，如古印度哈拉帕文化中所提到的“神”，汉漠拉比法典中反复提到的法典是君主汉漠拉比依据太阳神沙马什的旨意而制定的。

从先秦起，就有人类社会中的灾害与“天”有密切关系的思想，是“天”通过灾害事件来表达其不悦，“今二月，帝不令雨”③，不下雨的原因是“帝”的命令；而原因往往是对统治者的行为不满，所以灾害发生更

---

① 《道德经》第三十九章。

② 《道德经》第八十一章。

③ 邓云特：《社会救荒史》，商务印书馆 2011 年版，第 162 页。

有人祸的意味。“天疾畏丧降，是德不克尽，作忧于先王”，[①]“天地之物有不常之变者谓之异；小者谓之灾。灾常先至而异乃随之，灾者，天之谴也；异者，天之威也。谴之而不知，乃畏之以威。诗云：畏天之威，殆此谓也。凡灾异之本，尽生于国家之失；乃始萌芽。而天出灾害而谴告知。谴告之而不知变，乃见怪异以惊骇之。惊骇尚不知畏怖，其殃咎乃至，以此见天意。天意有欲也，有不欲也。所欲所不欲者，人内以自省，宜有征于心；外观其事，宜有验于国”。[②]由此可以看出，当时已经把异常现象和发生灾害与统治者的执政情况相联系，如果君主举措得当，符合天意，则会天神庇护，风调雨顺；反之则上天震怒，灾异不断，灾害的发生通常会被认为是“天”对统治者的警告或者惩罚。而作为统治者，这时就需要反省，并向“天”进行祈祷，请求“天”的宽恕。从商代开始就有此类活动的记载。《吕氏春秋》中记述商代曾出现大旱的情况，颗粒无收，商汤向上天祷告：“余一人有罪，无及万夫；万夫有罪，在余一人。无以一人不敏，使上帝鬼神伤民之命。”[③]并剪发磨手，以身为牺牲，向“天”祈福，随后天即下大雨。到西周，统治者的这种活动逐渐从“反省自责”模式发展成为“反省自责+救济”模式，君主除了会进行反省以及祷告，还会因灾修德和因灾修政，包括减少自己的支出、对社会民众进行救济、减免赋税，甚至会因灾省刑，对已经判刑的犯人进行赦免；汉文帝时因为发生了日食，文帝进行了自我反思并减轻了对老百姓的徭役，这些措施归根结底都是与天人感应的灾异思想分不开的。《史记·天官书》：“日变修德，月变省刑，星变结合。凡天变，过度乃占。国君强大，有德者昌；弱小，饰诈者亡。太上修德，其次修救，其次修禳，正下无之。”这段话也反映了天人感应的思想，要求君主在灾异发生后要有修德、整顿朝政，再接着采取补救措施和祷告的行为，其中修德是第一位的，而祷告消灾则是放到最后一位，表明当时对灾害的认识也有进一步的提高，并且逐渐发展成为在灾害发生之后，统治者必然要进行反思并进行一定的社会救济的传统。可

① 邓云特：《中国救荒史》，商务印书馆2011年版，第163页。
② （汉）董仲舒《春秋繁露》卷八《必仁且智》。
③ 《吕氏春秋·季秋·纪顺民》。

以说，“天人感应”的思想实际上是古代社会救济尤其是灾害救济思想的源泉，其基本思路是相信“天”和人相通，并且“天”会干预人事，灾害实际上是天谴，而人能通过一定的方式来平息“天”怒，进而消除灾害。

②《周礼》——中国古代统治阶级社会救济的设计蓝图。《周礼》又名《周官》，是中国古代较早且影响较大的著作，相传为周公所作，是周公在西周初年“制礼制乐”的产物，但此说法已被大多数学者所批驳，目前学术界通说《周礼》作于战国时期。虽然对《周礼》的成书年代存在一定的争论，但是也无可否认《周礼》是对西周时期官制研究的重要文献，一定程度上反映了周代的典章制度，从中可以看出当时的政府机构设计及政策实施设计。《周礼》分为天官、地官、春官、夏官、秋官、冬官六篇，其中天官冢宰主管朝廷以及宫中事务，地官司徒主管领地之内的民事，春官宗伯主管祭祀和文化，夏官司马主管诸侯和军队，秋官司寇主管司法，冬官司空主管百工，共有三百四十六个官职。而关于社会救济的思想及制度设计，对后世的各朝各代甚至清代都有深远影响。

第一，矜老恤幼怜贫的社会救济的思想。《周礼·地官司徒》中对大司徒的职责描述为：“以保息六养万民，一曰慈幼，二曰养老，三曰振穷，四曰恤贫，五曰宽疾，六曰安富。”中国古代的统治者已经认识到要对老人、孩子以及鳏寡孤独和残疾人进行一定的关怀照顾；而法制上，也开创了“矜老恤弱”的“三赦”法制传统，对老人、幼儿以及痴呆、低能者的犯罪会减免处罚，《周礼·秋官司寇·司刺》曰：“壹赦曰幼弱；再赦曰老旄；三赦曰蠢愚。”

第二，有专门的负责社会救济事务的官职设置。从《周礼》中可以看出，当时从中央到地方已经有专门的官职设置进行社会救济事项，如中央有“遗人”官职，负责的是平时以及特殊时期如灾荒发生时的救济工作，“大司徒”的职责范围中就有救济孤寡和荒政工作，“司徒”在天灾发生后有以王的名义进行施惠的责任；地方上的基层官员，也负有查清辖区内的老幼残疾并给予一定救济的职责。可见在当时，虽没有专门的社会救济机构，但是国家相对来说已经非常重视社会救济事务，并且有专职或者兼职的官员从事社会救济活动。

第三，形成了体系性的灾荒社会救济制度。据《周礼》记载："以荒政十有二聚万民：一曰散利，二曰薄征，三曰缓刑，四曰驰力，五曰舍禁，六曰去几，七曰眚礼，八曰杀哀，九曰蕃乐，十曰多昏，十有一曰索鬼神，十有二曰除盗贼。"① 荒政是中国古代灾荒时期政府的救灾制度、措施和法令。中国自古以来以农业立国，发生灾荒后社会秩序会受到严重破坏，为了维护稳定，就要进行灾荒救济，而且灾荒救济在中国古代的社会救济中处于重中之重，所以中国古代的荒政思想源远流长，最早记载始见于《周礼》，其目的在于"聚万民"，即灾荒之时，避免灾民的颠沛流离，使之得以安度荒年，为此提出了十二项措施。前六项是向灾民散发粮食使之得利、减免租税、对罪犯进行宽缓处理、减征徭役、免除关税、开放山泽之禁；第七项到第十一项是灾荒时期祭天祭鬼神的礼仪事项；第十二项为除盗贼，灾荒发生后盗贼更易滋生，除灭盗贼直接关系到社会的稳定和社会秩序的维护。

《周礼》作为成书较早的古籍，最早出现了"荒政"一词，指代相关政府行为和法律制度、政策措施对灾荒时期的救灾，并一直为后世所沿用，如其"荒政十二条"中第三条提出的"缓刑"措施，要求在灾荒时期宽缓刑罚，不得依照常法进行，成为后世灾荒时期的基本法律准则。清乾隆时期在灾荒发生后发布的恤刑诏书中称，"今又思周礼荒政载有缓刑之条，是举行矜恤之典，亦感召和气之一端"②，其对后世的影响可见一斑。"荒政十二条"自成系统，具有完整的体系，形成了国家组织救济，并由各部门和各级组织协调行动、联合办事、各司其职的模式，所以有学者称，从《周礼》开始了中国古代统治者对社会救济的蓝图设计，后代各朝统治者在《周礼》所勾画的蓝图中不停地填入更多的色彩，使得中国古代的社会救济内容更加丰富，程序更加人性化。

③中国古代统治阶层的社会救济实践。中国古代的社会救济实践发轫

① 《周礼·地官·大司徒》。

② 《清高宗实录》卷一百七十三，乾隆七年八月甲辰。

很早，伴随着社会救济的思想而发展并不断完善。如前面所述西周时期已有社会救济思想和制度设计的萌芽，并伴随着相应的施粥、给医、赈贷、抚孤等社会救济实践。班固在《汉书·食货志》中对此这样记载：“民二十受田，六十归田，七十以上，上所养也；十岁以下，上所长也。”即百姓在 10 岁以下和 70 岁以上的时候都是可以得到国家的抚养和赡养的，这些记载和周礼中的记载相吻合，并且在周礼中可以看到老年人还享有免除徭役和赋税的优待。

春秋时期，由于周室衰微，各诸侯国面临着不发展则灭亡的局面，都需要做大做强，无不致力于发展生产力和收揽民心，而对各阶层民众进行救济是其采用的重要措施之一。齐桓公在成为春秋首霸之前，采用管仲的政策，“赈孤寡，收贫病，慈爱百姓”，使得“饥者得食，寒者得衣，死者得葬，不资者得赈”。① 在成为霸主之后，齐桓公在诸侯盟会中，向各国提出了“养孤老，食常疾，收孤寡”的提议，② 可见当时齐国对社会救济的重视程度。在楚国，楚庄王上台之后，对内政进行改革，也提出了“老有加惠，旅有施舍”的主张，并要求大臣“惠恤其民”，③ 这也助楚庄王成就了以后的霸业。晋国的晋悼公在即位之初，就提到了要救助鳏夫和寡居的妇女，养育老人、小孩，救济、抚恤孤儿和残疾人。还亲自接见年过 70 岁的老人，称呼他们“王父”，实现了晋国再次称霸。吴王阖闾上台后有“亲巡孤寡”和“勤恤其民”的举动，最终“破强楚，服越人”。越王勾践在亡国之后，其采取的振兴措施就包括了“疾者问之，死者葬之，老其老，慈其幼，长其孤，问其病”④ 的一系列社会救济之策，并且对生了孩子的家庭给予了一定的美酒和猪羊的福利补贴，最终灭了吴国，成为一代春秋霸主。由此可见，春秋时期诸侯国的社会救济措施也助成了其兴盛图霸的事业。

战国时期比较有特色的社会救济方法是李悝的“善平籴”之政，《汉

---

① 《管子·轻重甲》。
② 《管子·幼官》。
③ 《左传》宣公十二年。
④ 《国语·越语》。

书·食货志》对此有详细的记载："是故善平籴者，必谨观岁有上中下孰。上孰其收自四，余四百石；中孰自三，余三百石；下孰自倍，余百石。小饥则收百石，中饥七十石，故大孰则上籴三而舍一，中孰则籴二，下孰则籴一，使饥民适足，贾平则止。小饥则发小孰之所敛，中饥则发中孰之所敛，大饥则发大孰之所敛，而粜之。故虽遇饥馑水旱，粜不贵而民不散，取有余以补不足也。"李悝执政期间，丰年由国家平价买入粮食放入国库中，一是做粮食储备，二是防止因为丰收出现谷贱伤农的情况。到了饥荒之年，再平价出售库存的粮食，维持了粮价的稳定，以丰补歉，"取有余，补不足"乃至"籴不贵而民不散"。李悝的政策，和今天的宏观调控相类似，起到了稳定粮价、发展农业、防止商人囤积粮食、农民因灾破产流亡的作用，具有很强的灾荒抵御性，同时也是后世历代王朝仓储救荒的开端。

历经春秋战国诸侯争霸之后所形成的中国第一个封建制国家——秦，奉行法家思想，对于之前朝代所形成的社会救济思想承接不足，导致秦朝社会救济状况和历代相比较为落后，社会救济处于被忽视的状态。从相关记载来看，在秦始皇四年的时候，发生了蝗灾，"煌虫从东方来，蔽天。天下疫",① 在这种情况下，百姓只要捐粟千石，就可拜爵一级，这可以说是中国最早的捐官记录了。同时，却无法看到有关灭蝗虫、恢复生产、拯救灾民以及派医送药的相关记载，表明当时在国家层面社会救济措施是缺失的。

到了汉代，统治者承继的是一个在历经多年农民起义之后满目疮痍，并且灾害频发，灾民、流民问题严重的国家。在此背景下，统治者吸取了前朝的灭亡经验，开始以"无为而治"的黄老思想为立国指导思想，到汉武帝时期又改为儒家思想，关注民生，社会救济相比之前的历朝历代又有进一步的发展。到汉代，社会救济已经分为长期性的救济和紧急性的救济两大类，紧急性的救济主要是针对自然灾害发生之后的灾民。汉代自然灾害频发，两汉时期的自然灾害发生次数大约在 580 次。② 频繁的自然灾害

---

① 邓云特：《社会救荒史》，商务印书馆 2011 年版，第 163 页。
② 李辉："试论两汉时期自然灾害的主要特点"，《社会科学战线》2004 年第 4 期，第 164—168 页。

给百姓带来深重的灾难，在两汉史书中也多次出现“人相食”的记载，所以汉代政府非常重视对灾后衣食无着的灾民的救济和帮助，主要表现为对灾民无偿或低价发放粮食、布帛和金钱，帮助灾民度过灾荒；并对灾荒发生后随之而来疫病的传播进行控制，派遣医疗人员对灾民施药治病，隔离传染病人。《后汉书》中有记载，在汉安帝元初元年，会稽发生流行病，皇帝派光禄大夫前去医治；元初二年，青州发生流行病，皇帝不仅派医延治而且当地政府专门腾出一些房子作为隔离的医院，对病人进行隔离和集中诊治。同样情况在汉恒帝元嘉元年的时候也发生过，在《后汉书》中也有记载。在当时有限的医疗条件下，这种做法应该说是最有效的方法。在汉代，长期性的社会救济对象包含了年老、年幼、鳏寡孤独和残疾以及缺乏生存能力且没有家人的人，救济手段有对这类人减免徭役和赋税、犯罪后特别减免刑罚，赈济米、肉、酒、帛、粟等日常生活用品。在汉文帝时期就下了《养老令》，对年满八十岁的老人，每月赐米一石，二十斤肉，五斗酒；如果到了九十岁以上，加赐每人帛二匹，棉絮三斤。两汉时期的此类诏令据甄尽忠先生的统计，达到了八十多次，每四年左右就有一次，足以见汉代政府对其的重视。

应该说，在唐之前的中国历代各朝，除了个别朝代之外，都比较重视社会救济活动，有一些基础的对社会弱势群体的救济和灾荒时期对受灾人群的救助。到汉代，基本形成了国家的救济体系，对包括受灾人群、鳏寡孤独疾病人口等社会弱势群体有了一定程度的国家层面的救济，这对稳定社会秩序以及保存劳动力、促进经济的进一步发展有积极的作用。

2.2.2　唐代的社会救济思想

作为亲身经历了隋末农民大起义的唐初统治者，深知社会民众的力量和人心向背的重要，认识到“为君之道，必须先存百姓，若损百姓以奉其身，犹割股以啖腹，腹饱而身毙”① 的道理，吸取历史上各王朝兴衰的经

---

① 《贞观政要·君道》。

验，尽力采取各种措施缓和社会矛盾，尤其重视社会救济的实施。

（1）传统祈福禳灾思想的变革

祈福禳灾思想在中国历史悠久，伴随着“天人合一”的思想而日渐成熟起来。西汉时期，董仲舒提出了天人感应的思想，认为灾害是天谴的一种表示，是上天对统治者的警示，到唐代这种古老的天人感应的天灾观和传统的祭祀神灵的禳灾思想受到统治者的推崇。在《新唐书》中云：“若政得其道，而取不过度，则天地顺成，万物茂盛，而民以安乐，谓之至志。若政失其道，用物伤夭，民被其害而愁苦，则天地之气沴，三光错行，阴阳寒暑失节，以为水旱、蝗螟、风暴、雷火、山崩……此天地灾异之大者，皆生于乱政。”他们认为，乱政与灾异之事之间存在因果关系，帝王治理国家要顺应世间万物的本性，按照固有之道处理政事，否则就会发生水旱、蝗螟、风暴、雷火、山崩，出现“三光错行”、阴阳失调的局面。因此，灾异天谴也成为唐代君主检讨政治自谴自责的原因之一，唐代君主颁布的救灾诏书之中均有自咎之言，表达的意思不外乎两方面。一是自遣，即对自己作为帝王的德行进行深刻反省，认为灾害的发生和自己的无德有因果关系，表示后果由自己一人承担。如唐高祖武德三年，久旱不雨，高祖祷告神灵时就对自己进行检讨，“某若无罪，使得三日内雨。某若有罪，请殃其身，无令兆民，受兹饥馑”；① 唐太宗也认为灾害发生的原因是，“朕之不德，皇天降灾”；② 及至高宗、玄宗时期都有类似的记载，在永徽二年发生了蝗螟之灾，高宗就下旨云：“去岁关辅之地，颇弊蝗螟，天下诸州或遭水旱，此由朕之不德，兆庶何辜，矜物罪己，载深忧惕。”③ 而玄宗在开元十三年登泰山遇到大风雪时，也有类似的进行反思请天降罪只其一身，不要让百姓受苦受难的诏令。可见当时出现灾害或者异象的时候，皇帝会认为是上天对自己的德行有所不满而产生的警示或者惩戒，进而反思悔过希望获得上天的宽恕。二是他谴，即对下属官吏因失职而使百姓遭灾的谴责。虽然统治者对自己的德行、行为诚惶诚恐地反省自责并不

① 《册府元规·帝王部·感应》。

② 《贞观政要·灾祥》。

③ 《旧唐书·高宗纪》。

断实施补救的措施，但由于这些措施的实施需要政府各级部门的配合，这些机构各级官吏的素质和作风就会对禳灾的效果产生直接的影响，因此对地方吏治的谴责也成为统治者禳灾思想的一部分。唐高宗永隆二年山东遭旱，皇帝就批评刺史县令、长史、司马等官员"行为不合纲常"。唐宣宗也曾严厉指责对灾民征收赋税的官员。唐代同样沿袭了前朝灾害发生后的祈福禳灾的程序，甚至纳入国家制度之中，成为国家的典礼。在《唐六典》之中就有记载，旱灾发生，"京师……则先祈岳镇海渎，及诸山川，能兴云雨者，皆于北郊旺季，介于北郊望祭。又祈宗庙，每七日一祈，不雨还从岳渎如初……若州县，则先祈社稷及境内山川"；连绵大雨则"京师禜诸门，门别三日，每日一禁，不止，祈山川岳镇，海渎三日，不止，祈社稷宗庙。若州县则禜城门及境内山川而已"。可见统治者对祈福禳灾的仪式非常重视。

同时，唐代统治者也开始对这种传统有一定的质疑和否定。唐开元四年，山东发生严重蝗灾，按照天人感应的学说，一切灾祸都是天意，只有通过祈祷祭拜的方法才能恢复正常，所以当时的人们在田边焚香膜拜而不敢捕杀，朝廷官员中黄门监卢怀慎曰："蝗是天灾，岂可制以人事……杀虫太多，有伤和气"，坚决反对捕捉蝗虫。灾区刺史倪若水也主张"以修德禳之"。但当时宰相姚崇坚决主张捕蝗灭蝗，姚崇一方面以"魏世山东蝗虫，小忍不除，致人相食。后秦有蝗，草木皆尽"[①] 的历史教训说服玄宗同意灭蝗；另一方面以"估之良守，蝗虫避境行，若其修德可免，彼岂无德导致然"反嘲倪若水，使得倪若水不得不开展灭蝗工作，最后取得捕蝗虫百万余石的丰硕成果。姚崇又在第二年设置捕蝗吏，专门从事全国的捕捉治理蝗虫工作，从此我国应对蝗虫灾害思想开始进入一个新的阶段，并逐渐摆脱了天谴—祈福—禳灾的思想束缚，人们越来越积极主动地进行灾害自救，而不是被动地等待上天怒气平息后的灾害消除。唐德宗贞元元年，在半年的时间内，河南和关中经历了雪灾、火灾、蝗灾和旱灾，饥民遍地，德宗诏书："遍祈百神，曾不获应，方悟祷词非救灾之术，言辞非

---

① 《旧唐书·姚崇传》。

谢谴责之诫，忧心如焚身，深自刻责……所以出次贬食，节用缓刑，侧身增修，以谨天戒。”①德宗在祈求百神无果经历了由失望到向神质问、动摇并反思用其他方式来解除灾害。所以在唐代，祈福禳灾虽仍处于重要的地位，是必不可少的环节，但同时唐代君臣已经认识到其不足，不再只事天祈福，而开始人为地积极进行更多的救灾工作。

（2）佛教慈善思想的影响

佛教自东汉时期开始传入中国后，经历了魏晋南北朝的洗礼，到唐代开始兴盛繁荣并赢得了统治阶层的鼎力支持，如唐太宗曾经亲自迎接玄奘法师西行取经回归。贞观时期长安的寺庙超过百间，僧侣人数也大为增加，据统计，贞观元年僧人有三千多人，但到贞观二十二年，僧侣人数达到了一万七千多人，扩大了五倍，以至到唐中宗时，当僧人需要先通过国家的考试。在这种情形下，佛教的理念逐渐渗透唐代君民的思想观念，进而影响到社会生活的各个层面。

唐代佛教思想对社会救济观念的影响主要是它的善恶因果报应论和慈悲观念。第一，善恶因果报应论。在佛教理念中，善行恶行是和因果报应紧密相连的，善行产生善果，恶行产生恶果，这种善恶因果报应之说非常符合中国人的传统文化，符合“积善之家，必有余庆”“积恶余殃”的观念。同时，在中国传统的道教思想之中，也有积善得到善，种恶得恶的善恶报应思想，所以佛教思想传入之后，也引起了一定的共鸣。但佛教思想也有其自身的特点，其所宣称的善恶之报，不是由上天决定的，而是由行为者自身的行为所决定的。佛教思想劝导世人积善行善，为唐代从上到皇帝下到寺庙进行社会救济的行为提供了思想基础。第二，慈悲观念。慈悲观念可以说是佛教教义的精髓，佛教中把普度众生、救济世人脱离苦海视为善行的最高点，提倡牺牲自我来利他，希望他人得到快乐，希望帮助他人解除痛苦，实践的方式就是布施，而且是不需要任何回报的布施，布施的终极是舍身。如佛经中所说的舍身饲虎、割肉喂鹰。佛教甚至认为对贫困者的布施，比供养佛法更有意义，这种思想无疑极大地促进了社会救济

---

① 《旧唐书·德宗纪》。

事业的发展。同时，原始佛教的思想在中国的传播过程中与中国的传统文化相叠加，融入不少中国传统思想的成分，成为唐代社会救济思想的一部分。

2.3 唐代社会救济法律制度的来源与形式

2.3.1 唐代社会救济法律制度的来源

唐代社会救济法律制度是确实存在而非杜撰或者凭空想象出来的，必须要拿出令人信服的证据。通过考证，唐代社会救济法律制度的来源比较广泛，有的来源于法律典籍，有的来源于出土法律文书。

(1) 唐代法典

主要是《唐律疏议》和《唐六典》。唐代属于中国古代的盛世，其法典编纂也已达到一个较高的水平，尤以《唐律疏议》和《唐六典》为杰出代表，但由于当时国情所限，《唐律疏议》基本上是将民事、刑事包括一些行政法律混杂在一部法典之中的，其中关于社会救济内容的条文，必须逐条梳理。

①《唐律疏议》。《唐律疏议》又称为《永徽律疏》，是唐代立法的最高成就，也是中国传统法律的典型代表，它在《贞观律》的基础上制定，并以儒家精神为原则对律文逐条逐句进行注释，使得律文内容更加详细明确。《唐律疏议》在一些章节中直接规定了关于社会救济的具体法律制度。

如《唐律疏议·名例律》卷四记载，“诸年七十以上、十五以下及废疾，犯流罪以下，收赎。八十以上、十岁以下及笃疾，犯反、逆、杀人应死者，上请。盗及伤人者，亦收赎。疏议曰：……反逆缘坐流者，逆人至亲，义同休戚，处以缘坐，重累其心，此虽老疾，亦不许赎。会赦犹流者，为害深重，虽会大恩，犹从流配。此等三流，特重常法，故总不许收赎。至配所免居作者，矜其老小，不堪役身，故免居作。其妇人流法，与男子不同：虽是老小，犯加役流，亦合收赎，征铜一百斤；反逆缘坐流，依《贼盗律》：'妇人年六十及废疾，并免。不入此流。'”此处明确了对老幼及病残的减免刑罚的规定，并用疏议进行了进一步的解释。

总览《唐律疏议》，不难发现关于社会救济的法律规定，散见于各章之中，尤其是涉及违反相关法律需要进行刑事处罚的，都在法典中能找到相应规定，所以《唐律疏议》是关于唐代社会救济的基础性法典。

②《唐六典》。《唐六典》是记载唐代国家行政制度的一部重要文献，于唐玄宗开元年间完成，集秦汉以来行政立法的大成，把凡具有行政性质的立法汇集在一起，与律、令、格、式相辅，由此行政法从“律”中分离出来。《唐六典》中对于一些涉及社会救济职责的管理机构及其权限都有规定。

如《唐六典》卷三十中规定，“凡诸州每年任上所出药物可用者，随时收采，以给人之疾患，皆愈合伤寒、时气、疟、痢等药，部内有疾患者，随须给之”，是对当时的公共医疗卫生的有关规定。

（2）其他典籍

唐代其他典籍主要包括《唐令拾遗》以及《旧唐书》《新唐书》《唐会要》《全唐文》等，其中有一些关于唐代社会救济法律制度的条文。

①《唐令拾遗》。唐令拾遗是由日本学者仁井田升所著，在史学界对于唐律的研究享有较高的声誉。仁井田升根据《日本养老令》的内容对已经佚失的唐令的内容进行了恢复，并按照唐令的旧目录进行编排，共恢复了三十门七百一十五条的唐令，成为研究唐代典章制度的重要文献资料。《唐令拾遗·户令》中有明确的记载，唐代将残疾人分为残疾、废疾、笃疾三个等级，并根据不同等级有不同的救济措施的记载。《唐令拾遗·户令》第九记载，“诸鳏寡孤独贫穷老疾者不能自存者，令近亲收养，若无近亲，付乡里安恤。在路有疾患，不能自胜者，当界官司收付村坊安养”。可以看出唐代在实行救济的时候，已经对于需要救济的鳏寡孤独贫穷老疾者，分别根据其在家乡还是在路途之上，如果在家乡的话是否有近亲可以

收养救济来分类进行管理了。

1997 年，仁井田升又出版了《唐令拾遗补》，对唐代社会救济的相关法律制度也有所记录。

②《旧唐书》《新唐书》《唐会要》《全唐文》等典籍。这些典籍分别由后人所著，具有较高的历史参考价值。如刘昫等人编著的《旧唐书》中记有大量的唐代皇帝的诏令，其中有涉及社会救济方面的内容；宋祁、欧阳修等人编撰的《新唐书》属于纪传体，记述了很多社会救济方面的制度与史实；《唐会要》由北宋王溥撰写，主要记录了唐代典章制度的沿革发展史，其中部分内容涉及唐代的社会救济方面的法律。

除此之外，还有《册府元龟》《通典》等典籍，都有一定的参考价值。

③吐鲁番出土的唐代法律文书。从 1957 年到 1975 年，我国考古工作者在新疆的吐鲁番县阿斯塔那和哈拉和卓古墓区经过数十次的发掘而整理出来的古文书有一千八百余件，编印为共十册《吐鲁番出土文书》。作为民间资料，可以对唐代的社会救济法律制度和其他典籍进行相互印证。

如在新疆阿斯塔那 506 号墓地出土的《唐大历七年马寺尼法慈为父张无价身死请给墓夫赙赠事碟》：

上缺

团图袋上柱圃张无价团廿七日不幸身亡，为家贫子然，其父限先团比日收将，在寺安养口

准式身死，合有墓夫、䞍赠伏乞请处团多少，旧第人夫、葬送，贫尼女人，即得济办大历七年六月日百姓马寺尼法慈碟

从此出土文书可以看出，唐代对于官员在死后有给予墓夫和赙赠的救济制度。这个内容和唐律之中的相关规定相互补充和印证了。

2.3.2 唐代社会救济法律制度的形式

(1) 成文法

唐代的法律形式主要是律、令、格、式四种。《唐六典》中对这几种法律形式各有定义：“律以正刑定罪，令以设范立制，格以正邪禁违，式

以轨物程事。”

在唐代，律、令、格、式四种法律形式组成的法律体系中，律居于主导地位，是从消极方面进行惩罚性的规定，而令、格、式处于补充和辅助地位，是对国家的各项制度的正面规定，违反后按律处罚。如违反《田令》《户令》私卖口分田或者脱逃税赋的，依照《唐律·户婚律》中的有关规定处罚；违反《狱官令》中规定的监狱官的职责的，依照《唐律·断狱律》的有关规定处罚；违反《礼部式》中规定的不同品级的官员穿着相应颜色的官服规定的，依照《唐律·杂律》中的有关规定处罚。

①律。律是成文法，是唐时法律体系的核心，具有绝对的权威性和相对的稳定性。律以《唐律疏议》为代表，其在儒家“礼”的基础上，把“礼”加以具体化，把人和人之间的关系规定得更加明确，使“礼”成为一种法律化的社会规范。唐律经过了武德律、贞观律、永徽律的发展变化，其中均有对社会救济方面的法律规定。唐律的整个发展过程之中，始终贯彻儒家的“仁政”原则，因此在社会救济方面内容不断完善。

②令。令是针对特定事项的命令。“令者，尊卑贵贱之等数，国家之制度也”,① 涉及的范围非常广泛，既包括礼仪祭祀、户口、田制、仓库、关市等方面的制度，还包括了一些关于官员的品级、俸禄、考课的制度。唐代的令修订较为频繁，数量庞大。据《唐六典》记载，其令多达一千五百四十六条，但遗失很多。在日本学者仁井田升所著的《唐令拾遗》一书中，复原了七百一十五条唐令，使得今人得以了解唐令的概貌。

③格。格是本朝或前朝皇帝临时颁布的针对具体违法违令行为进行处罚的制敕，经过有关部门的整理加工修改、分门别类汇编而成的单行法规。具有特别法的性质，因为来源于皇帝的旨命，其效力往往高于法律，可以修改律、令、敕之中的任何一条。唐代制定格的时候是以《唐律》的规定作为依据，并根据具体情况来确定内容的规范。唐代格有单行条例和单行法规两种形式：单行法规由皇帝临时颁发给下级官吏和地方官员，对违法违令行为予以处罚；单行立法是指将《唐律》规定的一些特殊性质、

---

① （宋）欧阳修、宋祁等：《新唐书·刑法志》，中华书局1986年版。

范围、处罚方式等内容作为《唐律》中的“格”予以保留或作为补充制定而成，与律、令、式构成了一个完整统一的法律体系。

唐代的格大多散失，现在从古籍以及敦煌文书中可略见一二。如在敦煌文书中发现，唐中宗神龙年间颁布的《散颁刑部格》的残卷，有格文十六条，内容主要是补充《唐律》中的一些规定。如《唐律》中规定，不许自首的犯罪有损伤人、损坏无法赔偿的物品等六种形式，格文中又对此进行了补充，增加了掠、诱及卖人为奴婢者的情形。由此可见，格由于其形式灵活、法律效力高的特点对律进行了有效的补充及支撑，使得其更适应社会形势的发展，到唐中后期格已经成为主要的立法形式。

④式。式即程式，指的是中央国家机关具体的活动细则以及上下级机关之间的公文呈报移送程式，以国家机关的名称分类定名。并且在一定程度上对令和格进行补充。唐代的式经过整理编辑之后具有永久效力，称为“永式”，具有行政法规的性质。在《武德式》《永徽式》当中都有涉及社会救济的一些法律规定。

唐代的社会救济法律制度，由律、令、格、式组成，其中的律是基石，令、格、式各司其职，以自己的特有作用作为律的补充，形成了较为完善的唐代社会救济法律体系。

（2）民间惯例

法律作为一种社会约束制度，首先表现为习惯，逐渐发展成为习惯法，这时其虽无文字载体，但违反后会有一定惩戒后果；最后才发展为成文法。唐代作为中国封建社会的盛世，不成文的习惯法或者民间惯例应该是存在并且发挥作用的。所以，在唐代社会救济活动中除了依照成文法律之外，应当还有民间的一些救济惯例，而且有时候这些惯例适用范围比法律更广，更贴近生活，更容易得到社会以及当事人的认可。唐代社会救济活动中的不成文的民间惯例，它们虽然没有像成文法律那样跃然纸上，但它们却在社会生活中一样对社会秩序进行有效维护和调整，对弱势群体进行着有效救济。一些宗族的救济就体现了民间的救济惯例。如宗族成员身故后的宗族会给予家属一定的财产，其目的就是让其家庭成员能够得到救济。在唐代民间，宗族救济具有普遍性，所以它就逐渐成为许多宗族的惯例。这种惯例的建立是以血缘为纽带而形成的一种世俗人情。

可以说，在唐代社会救济的活动中，既有“法律”因素，也有“人情”因素。所谓“人情”，是指救济对象在遭受各种意外情况、生活陷入一定的困难程度，但又不在法律救济范围内，依靠周围有一定关系的人群进行帮助的一种情况。在古代社会中，人们遇到困难时大部分情况都只能靠自己解决，所以在这种情况下出现民间救济就在所难免。笔者认为民间救济的惯例对于唐代社会救济史有着非常重要的意义：首先，民间惯例作为一种传统习俗，随着历史进程而不断地得到传承和完善；其次，民间惯例作为一种习惯法，其与成文法律之间存在一定的差异，这种差异性使之能够更好地适应特定情况。唐代是一个经济发达、政治稳定且文明程度较高的朝代，在这种背景下出现了一些不成文的、具有普遍约束力、能够约束人们行为并对社会秩序进行有效维护和调整的民间救济惯例。虽然不是成文法律那样直接约束人们的行为，却是社会中普遍存在的、相对稳定的一种规范形式，能够对社会秩序进行有效维护和调整。从这个意义上说，民间惯例是我们研究唐代社会救济活动不可或缺的史料。

2.4 本章小结

唐代的社会救济思想是在继承了民本思想的基础上，强调“以民为本”，关心民众的生活状况，尤其是弱势群体的福利。同时受到儒家、道家、佛教等多种思想体系的影响，形成了较为综合的救济观念，结合了儒家的仁爱、佛教的慈悲和道家的自然观念共同形成唐代的社会救济思想。并在此基础上借助唐代完善的法律形式和强大的经济基础，形成一系列更加完善的社会救济制度，在保障民众福祉、维护社会稳定方面发挥了重要作用。

第 3 章

唐代社会救济的主体：政府主导下的组织体系

中华民族自古以来就追求“老有所终，壮有所用，幼有所长，鳏寡孤独残疾者皆有所养”① 的大同社会。广大群众在长期的劳动和生活中，形成了尊老爱幼，扶危济困，助人为乐，扶助鳏寡孤独残疾者的传统美德和社会风尚，统治阶级为缓和社会矛盾，维护其统治地位，也非常关注百姓生计，重视社会救济事务，因此中国社会救济的历史源远流长。随着政府力量的逐渐加强，其成为社会救济的主导力量；同时，原始社会早期就存在的民族社会成员相互帮扶的救济方式，也在一定程度上被认为是成员间应尽的义务。至唐代经济繁荣，民间资本昌盛，也促进了社会救济事业的发展。所以到唐代基本上形成了以政府为主，而辅之以社会和宗族的救济组织体系。

3.1 政　府

3.1.1 中央社会救济管理机构

（1）户部

户部属于尚书省六部之一，其管理范围广泛，其中就包含了社会救济事务。《唐六典》卷三《尚书户部》中记载，“户部尚书、侍郎之职，掌天下户口井田之政令。凡徭赋职贡之方，经费赒给之筭，藏货赢储之准，悉以咨之”。从中可以看出户部的职能类似现在的民政部和财政部，是掌管户籍和国库的机关。户部设尚书一名，品级为正三品；侍郎二人，下设有郎中两名，员外郎两名。户部“郎中、员外郎掌领天下州县户口之事”，也就是在遇到各种灾荒、需要政府救济的时候，需要由户部先确定受灾的人数、救济的粮食、布帛的数量。在尚书省户部下设户部、度支部、金部和仓部四部门，其中“仓部郎中、员外郎，掌国之仓庾，受纳租税，出给

① 《礼记·礼运》。

禄廪之事”，主要是掌管义仓事务。义仓是在隋代开始出现的，目的是实现赈贷的国家化和制度化。到唐代进一步发展，在贞观二年正式设置，在唐代存在的二百八十九年时间里，义仓赈贷共一百零六次，每次都需上报仓部，由仓部决定是否开仓赈贷。度支是户部中的另一个重要机构，“掌天下赋税，……岁计所出而调之”。① 每年的赋税都由度支进行管理，在社会救济中的职责是制定救灾额度，每年计其所出而度其所用，转运征敛送纳，核准路程而节制迟速。

除此之外，《唐六典》卷三“户部郎中员外郎”条记载，“凡庶人年八十及笃疾，给侍丁一人；九十，给二人；百岁，三人”，反映了唐代的敬老养老的规定，也是由户部确定其具体年龄，并决定是否享受给侍丁的待遇。

在所有社会救济管理机构中，户部地位较高，掌管职能最多。社会救济的多个环节都由户部组织和参与，同时因户部官员品级较高，有利于保证社会救济的顺利实施。

（2）水部司和都水监

水部司和都水监都属于管理工程兴建的工部，是防止水灾、旱灾的水利防灾部门。水部司“掌津济、船舻、渠梁、堤堰、沟洫、渔捕、运漕、碾硙之事”，② 主要掌管天下水利工程的兴修和有关川渎、陂池的政令，并进行河渠、水利灌溉工程的修建疏导等。都水监“掌川泽、津梁、渠堰、陂池之政，总河渠、诸津监署”。③ 凡渔捕有禁，溉田自远始，先稻后陆，渠长、斗门长调节水量。其下所设的河渠署掌维护修补堤堰等水利工程，“掌河渠、坡地、堤堰、鱼醢之事”④，凡沟渠开塞，渔捕时禁，都属于其专职管辖范围。河堤谒者“掌完堤堰、利沟洫、渔捕之事”，⑤ 主要是河渠的完缮督视，包括定期对沟渠进行检查、巡视堤坝等。另外，还在全国的

① 《新唐书》卷四十六《百官志一》，中华书局1975年版，第1192页。
② 《新唐书》卷四十六《百官志一》，中华书局1975年版，第1202页。
③ 《新唐书》卷四十八《百官志三》，中华书局1975年版，第1276页。
④ 《新唐书》卷四十八《百官志三》，中华书局1975年版，第1277页。
⑤ 《新唐书》卷四十八《百官志三》，中华书局1975年版，第1277页。

主要桥梁渡口设有诸津，派遣官吏进行管理，配备专门的工匠维护。通过兴修水利、维护水利工程达到防止水旱灾害的目的，进而保障人们的生产、生活的安宁。

（3）太府寺

唐代的太府寺源自西周的大府，其主要职能为管理国家和王室的收入与支出，并支付各级官员的俸禄。西汉时称为大司农，至北齐、隋朝又改为太府寺。唐随隋制，在中央设太府寺，掌管全国的贡赋钱物，属于唐代中央的财政出纳机构。《新唐书》卷四十八记载，太府寺设卿一人，品级为从三品，设少卿二人，品级为从四品上。根据《唐六典》的记载，全国各地送到京城的赋税钱物及外蕃的朝贡物品，都需要在太府寺进行登记，并由太府寺收纳，按照不同的种类入库，妥善保管；皇室的经费支出，朝廷祭祀所需的各类物品、京师百官的俸料，以及其他国家行政预算的支出，都由太府寺按程序拨付。可以说，太府寺是唐代国家财政集中和再分配的重要机构，能直接了解国家财政收支情况，并且能帮助当政者了解国力的兴衰和当前的经济形势，并基于此制定相应的有效、有针对性的社会救济政策。

太府寺下设京都四市、平准、左右藏、常平八署，其中常平署与社会救济关系密切。“常平”一词始于汉代，汉宣帝时建常平仓，在饥馑年月，谷贵时平价出售粮食，丰收年月谷贱则加价购粮，常平一词由此而来，取“常平常稳”之意，被后世所沿用。《唐六典》记载：“常平令掌平籴仓储之，丞为之贰。凡岁丰晌，谷贱，人有余，则籴之；岁饥馑，谷贵，人不足，则粜之。与正、义仓帐具其本利同申。凡出纳、禁令如左藏之职焉。”唐代的常平仓由常平署来管理，常平署设置令一人、丞二人、监事五人，管理的事项包括平抑粮价、仓粮保管和出纳，不仅担负着解决发生灾荒后百姓用粮的问题的职责，而且担负平抑粮价、防止粮价畸高畸低的职责。常平署在管理仓粮的过程中，是依据户部文书执行的，而户部又凭常平署的申报，审核其开支实数。这样，常平署和户部间形成相互制约的关系。

（4）太常寺太医署

太常寺是掌管唐代的礼乐、祭祀及医疗的中央机构，其中的太医署是全国的医疗卫生行政部门，掌管全国的医疗卫生工作。太医署下设太医署令两人，从七品下；太医丞两人，从八品下；医监四人；医正八人，“令掌医疗之法”，既主管医疗教育，同时还是重要的医疗机构。医师的职责是对全国的医疗事务和本机构的人员进行管理，他们的医治对象除了天子百官之外还包括一般的老百姓，负责处理的事务较为繁重，因为“四时皆有疠疾：春时有痟首疾，夏时有痒疥疾，秋时有疟寒疾，冬时有嗽上气疾。以五味、五谷、五药，养其病；以五气、五声，□其死生。两之以九窃之变，参之以九藏之动。凡民之有疾病者，分而治之。死终，则各书其所以，而入于医师”。[①] 四季都有因气温不调和而引起的疾病：春季有头痛病，夏季有皮肤长痒疥的病，秋季有寒疟病，冬季有咳嗽气喘病。用五味、五谷、五药治疗患者的疾病，第一步根据患者的五气、五声和五色来观察患者是必死还是可以治好；第二步观察患者九窍的变化；第三步诊断患者九脏的活动情况，依这样的顺序来判断病情，凡民众有疾病的，就分别加以治疗，患者死了就分别记载死亡的原因，上报给医师。可以看出，太医署在发生疾病后有救济疾病的职责，尤其是流行病暴发期间、灾后疫病发生期间，往往受命出诊，救济民疾。唐代在发生疫病及自然灾害后，皇帝“赐医药”的史料颇多，均由太医署为首的医务人员负责具体事务。

（5）吏部

吏部为尚书省六部之一，由于中国古代封建社会用人权力在皇帝、宰相和吏部手中，所以吏部的地位往往凌驾于其他政府诸部之上，即所谓“大小之官，悉由吏部”。[②] 唐代吏部掌管全国文职官员铨选、勋封、考课之政。吏部设尚书一人，正三品；侍郎二人，正四品上。唐代初年文武百官上朝谒见时，吏部尚书排在宰相中书令与门下侍中之间，而且吏部尚书的人选，往往是皇帝心腹，铨选相较其他省的长官更为慎重。吏部的权责之重，关系着官吏的政治前途与国家人才的选拔，可影响社会安定。

---

① 《周礼·天官·冢宰》。

② 《周礼·天官·司寇》。

在选拔官员的同时，吏部还管理着对官吏的救济。中国至秦代开始建立了高度中央集权的政治体制，要求有大批的官僚服务于政权，同时对于官僚退休后也给予优厚的待遇。《唐六典》卷二《尚书吏部》云："凡职事官应觐省及移疾，不得过程。（谓身有疾病满百日，若所亲疾病满二百日及当侍者，并解官申省以闻。其应侍人才用灼然、要籍驱使者，令带官侍养。）[①] 年七十以上应致仕，若牙齿力未衰，亦听厘务。（若请致仕，五品以上，皆上表闻，六品以下，申尚书省奏闻。）凡官人身及同居大功以下亲执工商，家专其业，皆不得入仕；风疾，使酒，不得任侍奉之官。"官员自己得病或亲人得病，可以向吏部申请回家养病不超过一百天或者省亲假不超过两百天，如需超出期限，普通官员一般要解职，但特殊的重要官员往往可以带官归省。出现这种情况的官员即可向吏部奏报、提出申请，重要官员还需吏部奏报中书门下省，甚至上奏皇帝。唐代规定官吏七十岁退休，六品以下的官员，由本人提出申请，上报吏部备案，并由吏部核准，给予相应的退休待遇。对于贫病官员的救济，也是由吏部核准及上报。

（6）御史台

按照唐律规定："度支、太府、金部、仓部等官并掌出纳，以比部勾稽，而以御史监察之。"[②] 唐代救灾物资的调配、防灾工程的修筑所花费的钱财需要经由御史进行监察。

御史在社会救济中的职责包括对仓管制度、救灾财务、救灾实效等的实际监察和考察。御史隶属于御史台，其下设有三院：一曰台院，设侍御史；二曰殿院，设殿中侍御史；三曰察院，设监察御史。在唐代，御史在财务制度监察中的职责已经较为明确，其中殿中侍御史"一人同知东推，监太仓出纳；一人同知西推，监左藏出纳"。[③] 监察御史掌分察尚书省户部，巡按州县，巡查地方灾情、清查户口流散，籍账隐没，赋役不均，仓库减耗，营作、太府出纳等。因此，御史在救灾过程中就会被派往灾区，

① 李林甫、陈仲夫点校：《唐六典》卷二，中华书局1992年版，第37页。
② 蒋廷锡：《古今图书集成》卷六百五十九，中华书局1985年版。
③ 《新唐书》卷四十八《百官志三》，中华书局1975年版，第1239页。

亲自考察灾情以及制定救灾赈济措施，并且还有对受灾地区行使监察的职责。

(7) 中央派出机构

除常设机构之外，唐代临灾往往派出各种名义的使者前往处置救灾和救济事宜，主要有安抚史、观察使、巡察使、按察使、采访使、劝农使等。如公元675年5月，河南河北遭旱，皇帝派御史中臣崔谧等人为按察使，分各路前往慰问灾民；公元792年8月，全国各地遭受旱灾，皇上命中书舍人奚陟前往江陵及湘郡、随、复、鄂、申、光、蔡等州，秘书少监雷咸前往镇、冀、德、隶、深、赵等州，京兆少尹韦武前往扬、楚、庐、湿、寿、滁、苏、常、湖等州作为安抚使视察灾情，救济灾民。并要求各位安抚使对于各州受灾的百姓，如果出现缺水影响生存的情况，安抚使要予以赈给水，因灾死亡的由官府收埋，田苗所受的损失安抚史和所在地的长官尽快上报朝廷。

遣使救济是唐代的一大特色。当地方发生大规模的灾害之后，皇帝亲自派遣使臣对灾情进行实地考察并制订救济计划、赈灾额度、安抚受灾民众并直接奏报皇帝，一是避免了逐级上报耽搁时间；二是防止地方官员瞒报灾情，并且让百姓感受到皇恩浩荡。

以上各个中央机构，分别履行预防灾害发生的防灾职能、灾害发生后的救灾职能以及进行监督和审计的职能，形成了以皇帝为核心的中央社会救济决策机构。

3.1.2 地方政府救济管理机构

(1) 地方各级政府

唐代地方分州县两级，州以刺史为长官，下有属官若干人，协助处理州界范围内的各项事务工作。县以县令为长官，下有属官若干人，协助理政。由于唐代地方政府实行行政、军事、司法合一的制度，因此地方政府长官总揽一切事务，“掌兵、刑、钱、谷”等事，既负责司法审判与治安管理，也负责一切行政管理事务，所以严格说来唐代没有专门的地方社会救济管理机构。唐代前期，中央处于绝对的领导地位，无中央财政与地方财政之分，全国财力都集中于中央，地方无权自主动用地方储备赈济。开元末年以后，地方义仓储备的动用权下放到常驻地方负责监察的各道采访使手中，情况才发生了改变，地方政府在社会救济之中有了一定的自主权。但总的来说，地方政府主要是上报情况、执行中央的救济决策和法律。

（2）地方医疗机构

唐代地方州一级单位都设有官方医疗机构，其主事者是医博士，被赋予掌疗民疾的责任；另有医学生十五到二十人予以协助。此外，一些地方官员如司功参军、功曹也负有公用医疗的管理职责，遇到伤寒、疟疾等疾病，随时给药；另有医学生十五到二十人予以协助。阿拉伯人游记中提到，“在中国，如果某个人很穷，他还可以从国库中得到药费”，[①] 说的就是地方医疗机构的救济，可以看出唐代已经基本形成了一定的公共卫生医疗系统。

3.2 社　会

由于唐代农业社会的本质、生产力发展水平的限制，仅依靠政府的救济显然是不足的，在这种局面下，民间非政府性的社会救济行为就尤为重要。唐代社会层面的救济主要是由佛教寺院和寺院的僧人，以及佛教信徒来进行的。唐代除了在政治经济上表现突出之外，佛教也十分兴盛。佛教一方面给当时的民众带来情感上的慰藉，另一方面在社会救济上也发挥了积极的作用。唐代是佛教的鼎盛时期，到唐中晚期佛教过于昌盛使得统治阶级不得不出面干预，强制僧人还俗并限制寺庙的规模，以免造成全国兵源不足的局面。

---

① ［阿拉伯］《中国印度见闻录》卷一，穆根来等译，中华书局2001年版，第19页。

佛教教义中含有慈悲、济世、福报的思想。早在南北朝时期，佛教就与社会救济产生了一定的联系，当时已经出现了受佛教思想影响安置老弱、疾疫、贫苦的救济机构——六疾馆。唐代国家赐予大量田地和钱物给寺院，且对寺院的田地和荫户免税，因此寺院在经济充裕的前提下，本着慈悲为怀之心，对贫病之人进行施舍救济，出现了最早的病坊，又称作“悲田养病坊”，而“悲田”是佛教词汇，“病坊”一词来源于佛经的汉译本。但亘唐以来，病坊的名称屡有变化，或称作“悲田院”，或称作“养病坊”“普救病坊”，为方便起见，本书统称为“病坊”。

3.2.1 病坊的创设及发展

（1）创设期

病坊的创设期指武则天主政建立周之前时期，包括唐高祖李渊武德年间、唐太宗李世民贞观年间、唐高宗李治以及唐中宗李显、唐睿宗李旦短暂的主政期间。对于武周之前唐代是否有病坊存在，学术界是存在一定的争论的。一些日本学者如道端良秀、善峰宪雄，以及中国学者如王卫平、孙永如都认为病坊应是在武周长安年间开始设置的，依据主要是《太平广记》卷九十五《洪昉禅师》之中关于病坊的记载。其中提到洪昉禅师在陕西城内空旷之地建造龙光寺并立病坊，常年养病的人达到数百人。① 另外一些学者如盛会莲、刘俊文等推断，最早的病坊出现于贞观年间，依据是新疆吐鲁番阿斯塔纳出土的“贞观十七年八月高昌县勘问来丰患病致死事案卷残卷”中，有记载来丰“因患至此”“令于坊□置”的字样，以及给来丰“为营饭食”、进行寻医救治的文字记载。我们认为，根据《太平广记》的记载，以及武则天下诏旨表彰洪昉禅师，无疑可以说明病坊在武周时期已经出现，但就此确定病坊是武周时期才有的，应该说依据不足。除了“贞观十七年八月高昌县勘问来丰患病致死事案卷残卷”之外，在《续高僧传》卷二十中提到，僧人智严在贞观十七年，到“往石头城疠人坊

① 李昉：《太平广记》，中华书局1961年版，第633页。

住，为其说法。永徽五年……终于疠所”，此处所提到的疠人坊，“疠”意谓疫病、恶疮甚至瘟疫，而“疠人坊”应该就是病坊；[①] 南北朝时期佛教典籍中与病坊相关的记载已经很多，并且已经出现了六疾馆等佛教救济场所。综合以上材料，“病坊”一词在南北朝时期就已经出现，贞观十七年前有病坊性质的医疗救治机构也已经存在，只是与武周时期的名称、规模有所不同。

唐前期的病坊由寺院创办、寺庙僧人管理，经费自行筹集，对社会上的老弱之人、疾病缠身之人，甚至乞丐进行救济，属于自发的社会救济机构。如智严法师在疠人坊期间，为病人吸吮脓液、洗涤脏污衣物，大有佛教“我不入地狱，谁入地狱”的慈悲胸怀。而唐当时应该也有相应的规定，如果病坊出现身故的情况，官府要进行调查，查明死因，并记录在案。在“贞观十七年八月高昌县勘问来丰患病致死事案卷残卷”中，可以得到印证，从其案卷中可以看到，来丰因患病被安置，由何射门陁照顾，四个月后来丰死亡，县府对何射门陁进行了询问并勘问死因、追查责任。此外在佛祖的诞节日，寺庙会设斋饭给贫苦之人，以示慈悲济世。唐早期病坊的社会救济费用，主要是依靠僧人化缘而来，但是因为唐政府对寺庙有赐田免税等优待措施进行间接支持，所以寺庙在病坊经营中没有出现太大的经济危机。

（2）发展期

病坊的发展期，是武则天称帝后，经历开元盛世、安史之乱，到唐文宗时期。由于武则天尊崇佛教，佛教势力发展很快，寺庙数目增长，随之寺院中设置的病坊数量也增加很多，影响力扩大，引起了国家的关注。武周长安年间，设置“悲田使”来管理寺庙病坊业务，悲田使行使的是监督职能，具体救济事务仍由寺院主持，但此时病坊的性质也发生了变化，由原先的纯民间机构变成了“官督寺理”的半民间机构，形成了“国家矜孤恤穷，敬老养病，至于安庇，各有司存”[②] 的局面。在相关古籍中可以找

---

① 大藏经刊行会：《大藏经》第五十册，新文丰出版公司 1983 年版，第 990 页。

② （宋）王溥：《唐会要》卷四十九《病坊》，中华书局 1957 年版，第 863 页。

到当时病坊的救济记载二则："成都乞儿严七师，幽陋凡贱，坌垢臭秽不可近，言语无度，往往应于未兆。居西市悲田坊。""大历中，东都天津桥有乞儿无两手，以右足夹笔，写经乞钱。欲书时，先再三掷笔，高尺余，未曾失落。书迹官楷，手书不如也。"① 上述两例记载了对乞儿严七师的收养和对无手乞儿的救济，其中提到的"悲田坊"也是病坊在武周时期的称谓。"悲田"是佛教中三福田之一，取"可悲悯之苦难贫穷境界，向此境界而惠施，则得无量之福"之意，有对外进行施舍和对内收容两种活动。

唐玄宗开元年间，病坊起初仍然沿用"官督寺理"管理方法。开元五年，宰相宋璟对此管理方法提出异议，认为病坊本属于寺庙，国家不应予以干预，并且认为病坊的经营中存在着"骤聚无名之人，著收利之便，实恐逃逋为薮，隐没成奸"② 的弊病，提出撤销悲田使，遣散病坊之中所收容的病残贫穷之人，改为由官府给予其家庭一定的资助，但并未获得玄宗的采纳。到开元年间，唐玄宗下诏禁止乞丐在京城乞讨，由病坊予以收容，并由官府给予一定的钱财让病坊收利来维持其运作。元代张国宝著的元剧《合汉衫》中就描述了富人张员外因家宅失火而流落街头沦为乞丐，后被悲田坊收留的故事。由此可看出，这个时期的悲田坊除了救济贫、弱、疾之外，还具有收容乞丐的救济功能。之后的安史之乱中，出现了更多的流民和乞丐，病坊的作用和影响也随之增强。

这个时期病坊的影响比起前期壮大了许多，性质也发生了一定的改变，官府介入了病坊的救济，提供一定的经济援助并且进行督管。官府提供经济援助的方法主要有两种：一是提供本钱让病坊收利；二是提供救济物资。除此之外，病坊进行救济的资金还来自奉佛者的供施、自营寺田的收入。

（3）衰微期

病坊的衰微期，从唐武宗主政开始一直到唐末。唐代的病坊无可否认会受到唐代政治经济形势以及帝王个人喜好的影响。唐武宗即位时，佛教势力兴盛，当时全国的寺庙已有五千三百五十八所，僧人达七万余人，尼

① （唐）段成式：《酉阳杂俎》卷五"诡习"，中华书局1981年版，第12页。
② （唐）王溥：《唐会要》卷四十九，中华书局1955年版，第863页。

五万余人，其势力之大足以影响政权的稳固，加之武宗崇尚道教，会昌五年武宗发动了著名的灭佛事件，以“劳人力于土木之功，夺人利于金宝之饰，遗君亲于师资之际，违配偶于戒律之间”[①] 为理由，在清查天下寺庙和僧尼的基础上，要求大规模地拆除寺庙、僧尼还俗，并没收寺庙田产上千万顷，奴婢十五万人，毁庙四千六百多所。佛教受到严重的打击，但同时社会救济事业也一并受困，病坊也处于无人主领的状态，出现了多起贫病之人无处可收留的现象。针对这种情况，宰相李德裕在灭佛三个月后上奏请求“悲田养病坊”之中象征佛教的“悲田”去掉，改为养病坊，并在各地派专职官员进行管理。武宗下旨予以批准，并给存留下来的寺院寺田七顷到十顷作为资助。武宗之后的宣宗、懿宗复始崇佛，尤其是懿宗时期灾害频发、藩镇动乱，使得灾民、流民人数大增，病坊数量也不断增加，在县一级的地方普遍设有病坊，并且要求病坊的负责人由所在地的有道僧人、县令、录氏参军、刺史选任，如果是有道僧人主管的须三年一替换。懿宗还规定，但凡无法乞讨的风雪天，病坊主管者需要用本病坊的利钱，给饥乏之人买米煮粥；遇到可以救治的患病者，病坊要立即买药进行治疗，由此产生的费用，以户部属省钱物承担，出现亏损由藩镇贡物承担。到这段时间病坊虽仍旧存在，但是式微，不复以前的宏大局面。

3.2.2　病坊运作机制的变化

（1）寺庙僧人自主管理的运作机制

在唐代，最开始的病坊是依托于寺庙而起的一种疾病救济机构，作为由僧侣管理的公共卫生设施，它们为当时的社会提供了基本的医疗服务，充当了一个社会救济机构的角色。病坊的空间设定原则上要保持与寺庙其他区域的相对独立，这有两个重要原因。首先，一些病患可能患有传染性疾病，为防止疾病的扩散，这种隔离是必要的。其次，有些病患可能患有严重的肢体疾病，如疮疡、腐烂等，这些情况可能让其他人难以直视，因此也

---

① 《旧唐书·武宗纪》卷十八，中华书局标点本。

需要相对独立的空间。这种空间的设定体现了当时社会对于疾病传播的防控意识。在运营方面，病坊的管理和服务完全由寺庙僧人负责。他们不仅要负责照顾病患，还需要进行日常的医疗行政工作，如登记病患信息、协调资源供应等。因此，僧人们不仅需要具备基本的医疗技能，还需要有一定的行政管理能力。他们的专业知识和扎实的修行形成的修养使他们能够在应对各种情况时表现出充分的耐心和慈悲心，为病患提供全方位的关怀。

病坊的运营资金主要来自民众的善款捐赠以及僧侣的化缘。这些资金被用于购买医疗设备、药品以及维持日常运营。寺庙僧人在财务管理上的自主权意味着他们可以根据实际需求自由调配资金，而不需要接受政府的干预和指导。这种经济上的独立性使得病坊能够灵活高效地满足社会的医疗需求。总的来说，唐代寺庙病坊的运作机制充分体现了佛教“慈悲为怀”的精神。他们为当地的公共卫生提供服务，为社会民众提供实质性的帮助。同时，他们通过化缘和接受善款的方式，又拉近了社会与寺庙之间的距离，促进了社会的和谐。这样的机制为我们今天的公共卫生服务提供了宝贵的经验和启示。

（2）官督寺办的运作机制

自武周时起，病坊开始了其官督寺办的半官制阶段，并且在这种形式的转变中，病坊也从单纯的医疗救援机构转变为一个更为全面的公益机构。但在武周时期，虽然有专门的管理机构，大部分的工作仍然是交给僧侣来做，即使在唐玄宗时期亦是如此。开元二十二年，在京城发生病患的乞丐已经可以在病坊进行观察治疗。实际上病坊是国家参与经营的医院，可以容纳越来越多的贫苦之人，涵盖了整个京城的流浪汉。从这个角度上来说，病坊的慈善性质进一步增强了，但同时这个时期政府对病坊运作的直接管理参与较少，主要是向各寺庙提供一些资金，以保证其救治需求，病坊名义上仍然属于寺庙的下属机构。

总的来说，国家加大了对病坊的管理督办，病坊也得到了大量投资，规模越来越大，从乞丐到老弱病残再到流民都被纳入救济的范围。但同时这种新的管理方式也导致了病坊的运作与管理的失衡。实际上，僧人是病坊的首要管理者，而官府只是起一个督促的作用。随着救济范围的不断扩大，病人数量的不断增多，有一些违法犯罪者也潜入病坊之内，逃避法律的惩罚，政府因为没有对病坊进行直接控制进而面对这种情况缺乏有效的管制手段，最后变成了不安定的根源，因此出现了一些要求取缔病坊的呼声。如宋璟曾提出“伏望罢之，其病患人，命河南府县按此分付其家”，[①]请求政府对病坊予以取缔。但就唐代的时代背景来看，病坊这种官督寺庙办的半官方运作机制，是较为切实可行的，一方面是佛教的仁爱观念，通过僧人们的献身精神，与佛教的信念相融合；另一方面，僧人也来自社会底层，更了解在病坊接受救济的最底层的弱势群体，比官方更贴近现实，也就是更易于为民众所接纳。因此，在唐武宗之前，唐朝的病坊都是依托于寺庙而存在。

（3）以田养医的运作机制

唐武宗灭佛后，随着寺庙被摧毁，病坊也受到了严重的破坏，需要救济的弱势群体更是雪上加霜。会昌五年，李德裕上疏：“悲田坊中，僧尼皆归家，贫苦无医，穷苦潦倒，危在旦夕。”[②] 随后，政府恢复了对寺庙经营的监管机构，并以土地进行配额，做出了更多对病坊有利的支持决定：“两京望给寺田十顷，大州镇望给田七顷，其他诸州，望委观察使量贫病多少给田五顷，以充粥食。”即在京畿之间，每个管理病坊的寺庙都有五顷到十顷的土地作为补助，这种制度比给予寺庙财产要好得多，实现了寺庙收益的可持续化，并以田地的收益维持病坊的正常运行，形成了以田养医的运作机制。但出于对约束寺庙势力、防止其势力扩大的考虑，配额土地的政策并没有长期坚持下去。

3.2.3 病坊的社会作用

（1）布施、收容贫病

佛教的宗旨是普度众生，慈悲为怀，强调对世间众生的布施，甚至鼓

---

① 王溥：《唐会要》，中华书局1955年版，第1010页。

② 王溥：《唐会要》，中华书局1955年版，第863页。

励舍血肉之躯去布施。唐代高僧将布施分为财施和法施两种。其中，财施即对世人物质上的救济，尤其是贫、弱、疾等弱势群体，更是佛教病坊的重点救济对象。施舍可以是实际的财物，也可以是佛法，如唐代一些高僧因家庭贫困，自幼辞亲，来到寺庙拜师礼佛、诵经合格后成为僧人，生活较原贫苦之家有所好转。此外寺院在灾荒年月，为赈济灾民，经常举行大型的施舍活动。如大历年间，江表荐疾，饿殍遍野，国清寺进行了施舍粮食活动。晋州生人代病禅师，遇到饥荒必会积极募粮赈饥，“后于赵城救斯荒歉，作施食物到场，前后八会”①。除布施外寺庙和僧人还积极协助地方实施救济活动。在刘禹锡的《救沉志》之中，就记载了德宗贞元年间，洪水泛滥之际，“有僧愀焉，誓于路曰‘浮屠之慈悲，救生最大。能援彼于溺，我当为魁’”，率领乡民拯救溺水百姓上百人。元和年间，淮泗间地每年都有水害，泗州开元寺僧人明远与郡守苏遇商议，在沙湖西隙地创建了避水僧坊，建门廊、厅堂、厨房、厩二百余间，有效防止了水害期间的溺亡。

唐代寺院收容和收养的事例在史籍中多有所见，如唐代茶圣陆羽，就是被一位姓陆的僧人收养，后成为太子博士并著《茶经》一书；而唐代宰相王播，“少年孤贫，尝客扬州惠昭寺木兰苑，随僧斋餐”，受到僧人的厌恶，将饭前敲钟改为饭后敲钟，王播羞愤留诗一首，二十年后仕途得意故地重游，见自己以前的题诗已被碧纱罩之，又再续作，即是有名的“上堂已了各西东，惭愧阇黎饭后钟。三十年来尘扑面，如今始得碧纱笼！”②由此可看出唐代的寺院不仅收养孤儿，而且会帮助孤儿在此读书考取功名。同时，寺院对贫穷之人予以一定范围的收留，但在收留过程之中有可能会受到僧人的不友好对待。

（2）疾病救治

在佛教东传的过程中，古印度的一些医学被带到了中国，现存的很多佛经中都涉及医术，如《华严经》《法华经》等，一些僧人利用自己的医

① （宋）赞宁：《宋高僧传》卷二十六《唐晋州大梵寺僧代病师传》，中华书局 1987 年版，第 670 页。

② 王定保：《唐摭言》，上海古籍出版社 1978 年版，第 73 页。

术救治感染疫病的灾民。当时僧人在治疗疾疫方面主要采取的方法是颂念咒语和药物疗法，如唐开元年间，“京师人多疫病，医王韦老师施药以救，无不瘥”；[①] 泗州普光寺僧人伽曾“有疾者告之，或以柳枝拂，或令洗石狮子而寥，或掷水瓶，或令谢过”[②]；智严法师为患者吸吮脓疮、洗涤污物，无所不为。此类记载甚多，不再一一赘述。佛经中要求僧人像对待佛祖一样对待病人，见病不治属于触犯戒律行为。寺院救济之人都属于社会弱势群体，疾病亦是其苦恼因素之一，佛教通过医术与佛法相结合的方法对其进行救济，也体现了佛教普度众生的宗旨。

（3）精神慰藉

对于社会弱势群体，其不仅需要物质上的救济，而且需要精神上的慰藉，而佛教作为一种宗教，对需要救济的群体进行精神上的抚慰也是救济的方式之一。佛教宣扬轮回，相信来世，同时认为人生即一个“苦”字，人的生老病死一切皆苦的根源在于人的欲望，人只有进行修行，消灭一切欲望，才能达到永远脱离苦难的不生不灭的理想涅槃境界，同时宣称这一辈子受苦是为了下一辈子享福，通过佛教教义、诵经等形式给予受救济者精神的寄托与安慰。

到唐代，佛教僧众越来越成为地方救济的一支重要力量，法国学者谢和耐也指出，五六世纪之后传入中国，佛教的救济观念发展日益明显，原来仅限于小乘佛教出家人的有限范围内的救济事业，在大乘佛教中推而广之运用到全体众生身上。[③] 当然其最根本目的是宣传佛教信仰，以现实的手段推动佛教的发展。在佛教思想感召之下，其信众也加入救济队伍之中，出人出力、捐钱捐物，形成强有力的社会救济力量。

---

① （宋）赞宁：《宋高僧传》卷二十《唐天台山国清寺清观传》，中华书局1987年版，第527页。

② （宋）赞宁：《宋高僧传》卷二十《唐天台山国清寺清观传》，中华书局1987年版，第450页。

③ ［法］谢和耐：《中国五—十世纪的寺院经济》，甘肃人民出版社1987年版，第271页。

3.3 宗　族

现代社会的救济理念中，往往对宗族救济机制持否定和替代态度，并且认为在一定程度上是对立的，因此中国传统社会颇具特色的宗族救济常常被人所忽视。20世纪70年代以来，西方学者在对高税收高福利的现代社会救济机制进行反思的同时，传统的社会救济机制正在被重新认识，在某种程度上应该说是一种回归。在中国唐代，宗族救济不仅实现了对政府以及社会救济职能的补充，而且具有非常鲜明的中国传统特色。中国古代文明是建立在以血缘为纽带的宗法制基础上，重视血缘关系是中国古代文明的一个本质特征，中国社会的宗族救济模式，是建立在血缘认同基础上的一种互助模式。日本学者谷川道雄将此总结为“豪族共同体”，他认为在这个群体内所实施的救济，为共同体社会的维持做出了贡献。①

3.3.1 宗族的范围

血缘关系由近到远的体现即家庭—家族—宗族的路线，其中每个家庭、每个家族都是既独立又联合的，宗族实际上就是若干个近亲家族的联合体，实质是一群共祖家庭组成的血缘群体。班固在《白虎通·宗族》中指出：“宗者尊也，为先祖主者，宗人之所尊也；族者凑也，聚也，谓恩爱相流凑也。上凑高祖，下至玄孙，一家有吉百家聚，合而为亲，生相亲爱，死相哀痛，有汇聚之道，故谓之宗族。”宗族的基础是父系家族制，同一男性祖先的子孙聚族而居，以血缘关系为纽带，构成由小到大、由亲及疏、由近到远的家庭和宗族网络。对于已经组织化的宗族而言，以家庭为

① ［日］古川道雄：《中国中式社会与共同体》，马彪译，中华书局2002年版，第7页。

中心的血缘关系是宗族保障的基础，这些关系是最基本和最重要的宗族救济观功能的起点。这种血缘关系的网络图在唐律之中就有，如图 3－1 所示。

				高祖父				
			族曾祖父母	曾祖父	族曾祖姑			
		族叔伯祖父母	叔伯祖父母	祖父	从祖姑	族祖姑母		
	族叔伯祖父母	堂叔伯父	叔伯父	父亲	姑母	堂姑	族姑	
三从兄弟	再从兄弟	堂兄弟	兄弟	自己	姐妹	堂姐妹	再从姐妹	族姐妹
	再从侄子	堂侄	侄子	儿子	侄女	堂侄女	再从侄女	
		堂侄孙	侄孙	孙子	侄孙女	侄孙女		
			曾侄孙	曾孙	侄曾孙女			
				玄孙				

图 3－1　家族血缘网络图

图 3－1 中自高祖至玄孙的九个世代的直系和旁系亲属被称为“本宗九族”，即通常所称的家族。族中有人去世，其他人必须为之服丧，按照与死者血缘关系远近穿不同的丧服、服不同的丧期，由近及远分为斩衰、齐衰、大功、小功、缌麻，凡有丧服要求的为“有服亲属”。在中国传统社会，“服制”制度规定着亲属的范围，代表着亲属关系的亲疏远近。甚至在法律上规定，对于“服制”亲属间的犯罪行为处理也按照血缘关系的远近和尊卑的不同而同罪异罚。

中国传统社会的聚族而居的宗族，实际上就是一个遵循着“服制”原则的长幼有序、亲疏有别的关系网。在这个关系网中，各个家庭分居异财、各自为政，但同时他们不仅简单地实现各自家庭自给自足，同时也是一个共同体。在这个共同体内部，宗族成员之间互相帮扶，进行生产合作、生活的救援以及困难的扶持。在这种合作和救济过程之中，血缘关系的远近有很重要的意义。一家发生困难，无服亲属可能充耳不闻，有服亲属则义不容辞；服轻亲属可能袖手旁观，服重亲属则责无旁贷。

3.3.2 宗族的救济方式

传统的农业社会中，宗族观念尤为兴盛。尤其是在农村，以宗族为依托、以血缘关系为纽带聚集在一起，其宗族成员之间的相互救济，可以分为物质层次的救济和精神层次的救济两种。精神层次的救济主要是以居高在上的儒家伦理对族内成员进行善意的劝勉和严肃的禁戒，用强大的精神凝聚力实现宗族内的团结；而物质层次的救济，主要是通过救济贫困族人、救助救济本族孤儿以及族内丧葬救济进行的。精神层次和物质层次的救济是相辅相成的，物质上的救济使精神力量得以充实和持久，最终建立起长幼有序、患难相助的宗族次序，而物质层次的救济正是这一目的得以实现的基础和保证，因此各宗族对族内的救济都不遗余力、极力提倡。

（1）救济贫困族人

唐代除了国家的救济体系之外，更多的救济活动是发生在同一宗族之内。各个宗族出于自身的需要，有自己的公共族产，一般由族长来管理和支配，作为本族的共同经济基础。各类公共族产中最常见的是族田，又称作义田和祭田，是以宗族名义占有的土地并以其收入来维持宗族祭祀费用和救济族内贫困。族田的来源有私人的捐赠和合族置办两类，私人的捐赠主要来自本族的官僚和富商，合族置办方式则各有不同，有按房产派捐的、有按土地田亩派捐的以及族人集体捐赠等，最常见的方式是兄弟分家析产时提留族产和本族无后嗣者所遗留土地及其他产业转为族产，并且通过经营收益将族产不断扩大。而对于需要予以救济的贫困族人，也是有标准的。在《新唐书》中记载，武则天曾经想给自己造个巨幅雕塑。李峤劝谏："造像虽俾浮屠输钱，然非州县承办不能济，是名虽不税而实税之。臣计天下编户，贫弱者众，有卖舍、帖田供王役者。今造像钱积十七万缗，若颁之穷人，家给千钱，则纾十七万户饥寒之苦，德无穷矣。”① 据此可以看出，唐代家庭资产在千钱以下属于贫民。而在现实生活中衡量贫困的尺度可能更低，尤其是没有田产、缺乏基本生活来源或者没有劳动能力的人，都属于需要族内救济的对象。在农业社会，由于单个家庭力量弱小，能力有限，如果脱离了群体，是无法面对生产中的种种困难和自然灾害的，遇到灾荒年景，更是难以为继，因此依附于宗族并使宗族更加壮大，实际上更符合生存的法则。在这种理念之下救助本族的贫困者，也就成为族人应该具备的行为规范。

（2）救济本族孤儿

“幼儿无父曰孤。”② 古代社会中所谓的孤儿指幼年丧父，无论其母是否在世；如果只是母亲去世而父亲仍然在世，不论其父是否再婚都不为孤儿。在儒家经典《仪礼》之中规定：“夫死妻稚子幼，子无大功之亲，与之适。”也就是说，父亲死、孩子年幼，不能随母亲改嫁，而应该是由大功亲收养，只有身边无大功亲时才能随母亲改嫁他族。到唐代时，政府以法律的形式要求宗族内的近亲收养本族的孤儿。《唐令拾遗·户令第九》三十七条曰：“诸鳏寡孤独贫穷老疾，不能自存者，令近亲收养。”③ 可以看出救济甚至收养本族的孤儿，不仅是道德上的要求，而且是法律上的责任。政府对此也会给予一定的奖励，以鼓励对本族孤儿的收养。唐文宗大和六年颁《拯恤疾疫病诏》，对收留本族孤儿的“官中给俩月粮”。从唐代有关史籍以及墓志记载来看，宗族之内的近亲收养孤儿的行为屡见不鲜，《大唐故苏州常熟县令孝子太原府君墓志铭并序》有“公之二昆……俱已先世，遗孤凡十有三人，或在髫龀，或在襁褓，公抚之育之，出入腹之，子渐乎义方，女嫔他族，人不知其诸父”。欧阳修在《新唐书》中也记载了多起这样的事，唐玄宗时期，韦绳“抚养宗属孤幼”，而且视如己出，同等对待；崔玄晔“族人孤贫者，抚养教励”；颜真卿“恤诸孤”。在《新唐书》中详细记载了岭南节度使卢钧，对于流放到岭南后去世的官员

① （宋）欧阳修、宋祁：《新唐书》卷一百二十三《李峤传》，中华书局 1975 年版。

② 杨伯峻：《孟子译注》，中华书局 1960 年版，第 36 页。

③ ［日］仁井田升：《唐令拾遗》，东方文化学院东京研究所刊 1933 年版，第 256 页。

而其子弟又无力将其送回故乡安葬的，帮他们买棺木并送回故乡安葬，对去世官员留下的孤女孩童，以自己的俸禄进行资助，甚至帮孤女寻找夫家，前后救济了数百家之多。

宗族内对本族孤儿的救济方式主要可以分为收养、经济接济和教育资助三种。收养是指接回家中共同生活，一般而言收养家庭与被收养人血缘关系很近且家庭经济状况良好，如唐人崔暟的墓志中就介绍了崔暟因其兄和姐夫去世，奉养其寡嫂和寡姐，“尽录无匮”，在寡嫂和寡姐去世后又尽心抚养其遗孤，崔暟夫人的墓志铭中记载对其遗孤视如己出，可以看出崔暟一家人和寡嫂、寡姐及其孩子是住在一起的。唐代类似的事情很多，并被当作善举、义举宣扬，死后在其墓志上多有记载及赞扬之语。如杜氏抚养孤侄，“六房同居，和睦上下”；冯夫人对孤侄孤甥“慈养义教”，使其“不自知孤”。经济接济是不接回家共同生活但是在财物、衣食方面给予接济。《大唐故殿中侍御史陇西李府君墓志铭并序》中记载着墓主“度念寡稚”而供给“衣食百需”的事；还有一些墓志中显示墓主与其嫂子一个在南方一个在北方，墓主以其南方田地收入供养嫂子及幼子。教育资助在宗族救济中更为多见，一般亲人在救济孤儿的同时，大多会负起教育的责任。韩愈就记载了韦丹在成为孤儿后，以甥孙的身份跟随太师鲁真卿学习；柳宗元在《万年县丞柳君墓志》中也有记载着墓主柳元方，“少孤，季父建，抚字训道，通《左氏春秋》，贯历代史……嗜为文章，辞富理精”。唐代宗族势力虽然比起之前的魏晋南北朝和之后的宋元明清时期都大为不如，但在救济孤儿方面可以看出起着非常重要的作用。

（3）丧葬族内救济

中国传统的丧葬制度开始于夏商时期，丧葬制度的重要特点就是和宗法制紧密地结合在一起，同一个宗族的成员都有“死相哀痛”义务，对于家庭困难无力进行丧葬的同族之间还有相互帮扶的义务。在氏族社会早期，人们不但聚族而居，而且聚族而葬的。《周礼》中就有关于族坟墓的记载，聚族而葬的习俗被后世所沿袭，直到战国之后这一习俗逐渐松弛。到唐代，同一宗族之间有助葬的习俗，助葬物品主要有“赙”和“赗”，即丧葬的财和物。在同一宗族之内，血缘关系如果未出五服的，无论富贵或贫贱，都要慰问哀悼死者和死者的亲属，并赙赗一定的物品。唐代推崇儒家的伦理道德，对死有所葬尤为看重，特别是崇尚厚葬，认为厚葬彰显孝道。因此当一个家庭的丈夫或父亲去世之后，孤儿寡母难以承担丧葬的情形出现，宗族之内的丧葬救济也是当时社会救济的一大重要内容。如白居易在虢州刺史赠礼部尚书崔玄亮的悼词中赞扬其“自宗族及朋执间，有死无所归，孤无所依者，公或祭之葬之，或衣之食之，或婚之嫁之”的高尚助葬品格；韩愈也记载了阳城的妹夫客死他乡，家贫无法安葬，阳城和二弟“舁尸以归，葬于其居之侧，往返千余里”救济寡妹和外甥的事情，可见当时人们对宗族内的丧葬救济的行为给予极高的道德评价。

3.4　唐代社会救济主体特征

唐代的社会救济在前代相关制度的基础上有所完善，其主体从宏观方面看具备了政府主导、社会参与、宗族辅助的特点。

3.4.1　社会救济的主体以政府为主导

在任何一个阶级社会，社会救济活动不可能独立于国家权力运行之外。社会救济工作操作得当，不仅维护了政府形象，而且保持了社会的稳定。因此在唐代不论是平时的日常性制度建设，还是临时性突发紧急状况的应对，都是以政府为主导的模式。如灾难发生后的赈灾救济工作，唐代建立了一整套报灾、查验、救灾的程序，能在短时间内调集救灾物资对灾区进行救济，这也是其他救济主体所无法完成的。

唐代政府建立了从中央到地方、从常设机构到临时机构的社会救济的方法和模式，其职能涵盖了从救灾到养老、从矜老怜幼到医疗民间疾苦、从养孤苦到给予特殊群体特殊救济等各个方面，并将社会救济作为各级官员的责任，其中既涉及中国古代传统的“仁政”“以民为本”的思想影响，也涉及唐代统治者吸取隋朝灭亡的教训，认识到救济社会的行为也是在维护自己的统治利益，国安是民安的必要条件。因此在唐代，社会救济制度一直在逐渐建立和完善中，这也是唐代统治者作为社会的管理者，在不断学习、逐渐积累管理经验和教训的结果。同时这也与唐代高度发达的经济、先进的社会文化无法分割。经济基础决定上层建筑，从唐初至安史之乱的一百多年时间，是唐代历史上经济的鼎盛时期，这一段时间社会救济成果从立法到实践都是可圈可点，但公元 755 年爆发安史之乱后，唐代社会开始走向衰败，唐代社会救济的很多内容也只能停留在纸面上而无法落到实处。

3.4.2 社会参与性较高

唐代的社会救济体系中，虽然以国家为救济的主要力量，但是仅靠国家这一单一责任主体是无法完成整个社会的救济工作的，因此除了官方的救济体系之外，非官方的社会救济活动也十分活跃，表现为宗教主要是佛教的救济。佛教在传入中国后，经过几百年的文化渗透和文化融合，佛教也经过了一系列改造，实现了汉化，“深刻地渗入到中国人的血肉之中去，甚至成为中国人的精神生活的食粮”,① 佛教慈悲的原则与中国农耕为主的社会讲究“仁”的传统意识相契合。唐代佛教受到最高统治者的礼遇，达到一个巅峰，在其不断扩张的过程之中，对贫弱之人尤其是病人进行了一定的救济，而救济的经费，早期主要是寺庙及僧人向社会筹集或者是寺田的收入，随着宗教力量的扩大，救济力量和辐射范围也随之增强和扩大。到中后期，唐代政府力量介入，设置了专门的官员对寺庙的救济进行管理，并给予一定的经费支援，这时的佛教救济就具有了“官督”的性质，同时也带有一定的政府救济的色彩。唐代的宗教救济是统治者仁政思想及佛教慈悲精神的结合，它以病坊为主要机构，对社会中下层弱势群体展开救济，缓解了中下层社会群体的伤病救治问题。

---

① ［日］镰田茂雄：《中国佛教史》，台湾新文丰出版公司 1982 年版。

3.4.3 宗族色彩浓厚

在中国传统社会中，家庭作为社会的细胞而存在，家庭与家庭之间因血缘关系而结合为宗族，聚族而居是在中国农村常见的居住状态，且大部分宗族，通过族产、祠堂、族谱等媒介结合起来，形成规模和紧密程度不同的宗族组织。可以说宗族实际上是由一群共祖家庭组成的血缘群体，其所实现的救济功能是家庭功能缺失情况下的补救。在社会组织不发达的传统社会中，宗族如神经末梢一样分布在乡村社会，在基层生活中具有不可忽视的作用，尤其在民间救济体系中，宗族更是一支无法忽视的力量。宗族之内的救济主要表现为赈贫扶弱，如唐代的官僚分自己的俸禄给宗族贫困成员，“唐休为特进，初得实封时，以绢数千匹散分亲族，又以家财数十万开茔，备礼葬其五服之亲，时人称之”。[①] 或者因商致富的富宗将自己资产中的一部分救济穷宗，或是多土地者将土地分给宗族内有力无田者耕种。除此之外，还包括出资办宗族学堂并且对贫困生员接济助考、收养孤寡者、抚养家庭生活困难者以及收葬无近亲或近亲无法安葬的死亡者。

宗族救济是以血缘关系为基础，同时在传统的儒家思想“礼”“义”“孝”的影响下而形成的，起到了对国家救济的有力补充。在唐代，官方救济资源总量不足是普遍现象，另外国家救济有一定的程序，往往需要一段时间才能到达乡村，因此在紧急时刻宗族救济具有重要的应急作用。

3.5　本章小结

唐代形成了国家、社会、宗族的三维救济主体。不同的维度主体，或

---

① （宋）王钦若：《册府元龟》卷八百零四《总录部义四》，中华书局1960年版，第9555页。

者出于维护统治安定社会，或者出于人道主义，或者出于血缘亲情方面的考虑，承担起救济的责任，根据其所承担的责任和救济的对象，基本上形成了一个类似于金字塔式的结构。国家作为最大的救济主体，位于金字塔的底部，救济方式具有系统化、制度化和务实化的特征，主要针对的是灾害事前预防与事后救助，以及日常的养民所老、怜民所幼。但由于当时的国情所限，其救济是最基本的，而社会救济和宗族救济就是对国家救济从不同维度进行的补充。唐代兴盛的佛教寺庙所创设的病坊，主要是对所在地城市进行济贫救灾、治病、宣扬慈爱等活动，尤其是以治病为主，弥补了当时国家医疗条件的不足；而在广大乡村地区，宗族救济承担了日常生活中贫病老幼的宗族内部的救济，通过三维主体的二级覆盖，使得当时的社会救济达到了封建社会中较高的水平。

第 4 章

唐代的灾荒救济法律制度

4.1　唐代的灾荒概况及危害

邓云特先生在《中国救荒史》中的记录显示，唐代报灾制度比较完备。有唐一代二百八十九年间，受灾次数达到四百九十三次之多，平均一年将近两次灾害，而进一步细分灾害的类别，其中水灾一百五十次，旱灾一百二十五次，地震五十二次，风灾六十三次，雹灾、霜雪灾害共计七十四次，蝗灾三十四次，饥荒歉收二十四次，疫灾十六次。[①]

水灾是唐代自然灾害中最为常见的一种灾害，唐代多次发生大规模的水患灾害，如果把水患灾害做一个分类，把殃及十州以下的水灾称为中小规模水灾，而把祸及十州以上的水灾称为大规模水灾，那么在唐代发生的一百五十多次水灾中可称作大规模水灾的次数达到四十次，接近全部水灾的百分之二十五。[②] 频繁的水灾会冲毁农田和庄稼，严重时会导致饥荒。如高宗永徽六年“六月，商州大水。秋、冀、沂、密、兖、滑、汴、郑、婺等州水，害稼”。[③] 玄宗开元二十一年，“关中久雨害稼，京师饥”。[④] 有学者统计，“总计史籍中明载损田害稼之水害凡五十八次，其中有损田苗亩数者凡九次，共损田苗十五万余顷”。[⑤] 同时，频繁的水灾也会冲毁房屋，淹死人畜。如太宗贞观十一年，“秋七月癸未，大淫雨。谷水溢，入洛阳宫中，深四尺，坏左掖门，毁宫寺十九所；洛水溢，漂六百家”。[⑥] 高宗总章二年“六月，括州大风雨，海溢，坏永嘉、安固二县，溺死者九千九十人；冀州大雨，水平地深一丈，坏民居

---

① 邓云特：《中国救荒史》，商务印书馆2011年版，第21页。

② 刘俊文：“唐代水害史论”，《北京大学学报》1998年第2期。

③ （宋）欧阳修、宋祁：《新唐书·五行志三》，第36卷，中华书局1975年版，第928页。

④ 刘昫等：《旧唐书·玄宗上》，第8卷，中华书局1975年版，第200页。

⑤ 刘俊文：“唐代水害史论”，《北京大学学报》1998年第2期。

⑥ 刘昫等：《旧唐书·太宗下》，第3卷，中华书局1975年版，第48页。

万家”。① 由此可见，水灾不仅可以损田害稼，导致饥荒的形成，同时还会冲毁建筑物和淹死人畜。

旱灾造成损失仅次于水灾。有学者统计，“唐代旱灾的记载始于武德三年，终于光化三年，共计七十七次之多，平均每四年一次”。② 虽然旱灾不像水灾那样在短时间内直接破坏人民的生产和生活，但是它具有范围广、时间长的特点，对农业生产造成的破坏也很大。最严重的后果是旱灾之后往往伴随着大规模的饥荒。如唐太宗贞观二年，“关内旱饥，民多卖子接衣食”。③ 高宗咸亨二年，“时属大旱，关中饥乏，令取廓下兵士粮视之，见有食榆皮蓬实者”。④ 士兵都吃榆树皮，百姓就更不用说了。又如唐中宗神龙三年夏，“山东、河北二十余州大旱，饥馑死者二千余人”。⑤ 旱灾严重时甚至还会出现“人相食”的惨剧。如《新唐书·五行志二》记载：“中和四年，江南大旱，饥，人相食。”⑥ 旱灾可以直接导致庄稼枯萎，使之歉收或无收，特别是在旱灾频繁发生的年代，就会出现大量的饥民四处流浪，导致社会矛盾尖锐。

在唐代，蝗灾的危害仅次于水灾和旱灾。阎守诚在《唐代的蝗灾》中统计，“唐代（618—907 年）289 年中，有蝗灾的年份为 42 个，约占总年份的 14.5%，平均约 7 年发生一次”。⑦ 蝗灾虽然持续时间要比水灾和旱灾短，仅对农业生产形成威胁，但是破坏力却非常大。如唐玄宗开元三年六月，“山东诸州大蝗，飞则蔽景，下则食苗稼，声元如风雨”。⑧ 唐僖宗“光启年秋，蝗自东方来，群飞蔽天。二年，荆、襄蝗，米斗钱三千，人相食；淮南蝗，自西来，行而不飞，浮水缘城入扬州府署，竹树幢节，一

---

① （宋）欧阳修、宋祁：《新唐书·五行志三》，第 36 卷，中华书局 1975 年版，第 928—929 页。

② 李军：“灾害危机与唐代政治”，首都师范大学 2004 年学位论文。

③ 司马光：《资治通鉴·唐纪八》，第 192 卷，中华书局 1989 年版，第 6049 页。

④ 刘昫等：《旧唐书·教敬皇帝弘传》，第 86 卷，中华书局 1975 年版，第 2829 页。

⑤ 刘昫等：《旧唐书·五行志》，第 37 卷，中华书局 1975 年版，第 1357 页。

⑥ （宋）欧阳修、宋祁：《新唐书·五行志二》，第 35 卷，中华书局 1975 年版，第 918 页。

⑦ 阎守诚：“唐代的蝗灾”，《首都师范大学学报》2003 年第 2 期。

⑧ 刘昫等：《旧唐书·玄宗本纪上》，第 8 卷，中华书局 1975 年版，第 175 页。

夕如翦，幡帜画像，皆啮去其首，扑不能止。旬日，自相食尽”。[1] 蝗灾持续时间有长有短，但破坏力很强。唐文宗“开成元年夏，镇州、河中蝗，害稼。二年六月，魏博、昭义、淄青、沧州、兖海、河南蝗。三年秋，河南、河北镇定等州蝗，草木皆尽。五年夏，幽、魏、博、郓、曹、濮、沧、齐德、淄、青、兖、海、河阳、淮南、虢、陈、许、汝等州螟蝗害稼”。[2] 唐代历史上，受蝗灾的危害很大，同时通过对蝗虫的消灭，也开始了中国古代治理蝗虫的历史。

在唐代，风雹灾害往往伴随着其他灾害存在，在风雹灾害爆发的同时，大雨、雷电等自然灾害也会同时出现。如唐玄宗开元“九年七月丙辰，扬州、润州暴风雨，发屋拔木”。[3] 高宗咸亨“二年四月戊子，大雨雹，震电，大风折木，落则天门鸱尾三”。[4] 又如《新唐书·五行志三》记载：“乾符六年五月丁酉，宣授宰臣豆卢瑑、崔沆制，殿庭氛雾四塞，及百官班贺于政事堂，雨雹如凫卵，大风雷雨拔木。”《新唐书·五行志二》亦记载：“广明元年四月甲申，京师及东都、汝州雨雹，大风拔木。”风雹灾害发生时往往是狂风、暴雨、雷电和冰雹等同时发生，因此对人类的危害也是多种多样的。风雹灾害主要摧毁树木、庄稼和农舍，如《新唐书·五行志二》记载：“永隆二年七月，雍州大风害稼。”唐中宗景龙元年，“八月，宋州大风拔木，坏庐舍”。唐玄宗开元“二十二年五月戊辰，京畿渭南等六县大风雹，伤麦”。风雹灾害严重时，还会伤害牲畜，甚至危及民众的生命安全。文宗开成“五年六月，濮州雨雹如拳，杀人三十六，牛马甚众”。在沿海地区，大风还会摧毁船只，如德宗贞元“十四年八月癸未，广州大风，坏屋覆舟”。

地震是一种常见的地质现象，我国自古以来就一直是世界上最大的地震区之一。而唐代处于我国古代史上的一个地震活跃期，据统计，“唐代7

---

① （宋）欧阳修、宋祁：《新唐书·五行志三》，第36卷，中华书局1975年版，第940页。
② （宋）欧阳修、宋祁：《新唐书·五行志三》，第36卷，中华书局1975年版，第939页。
③ （宋）欧阳修、宋祁：《新唐书·五行志二》，第35卷，中华书局1975年版，第900页。
④ （宋）欧阳修、宋祁：《新唐书·五行志三》，第36卷，中华书局1975年版，第944页。

级以上的地震 1 次，6—7 级地震 7 次，5—6 级地震 6 次，5 级以下的 5 次”。[①] 地震不仅可能毁坏建筑物，而且还会造成人员伤亡。如太宗贞观“十二月正月壬寅，松、丛二州地震，坏庐舍”。贞观“二十三年八月，癸酉朔，河东地震，晋州尤甚，压杀五十余人”。《新唐书·五行志二》记载：“开元二十二年二月壬寅，秦州地震，西北隐隐有声，坼而复合，经时不止，坏庐舍殆尽，压死四千余人。”由此可见，地震不仅会摧毁建筑物，而且还危害人类的生命安全。据记载，人员伤亡最多的一次是贞观二十三年晋州发生的地震，死亡达到五千余人。

在唐代近三百年的历史上，灾害侵袭，几乎没有中断过，每年都可能有不同类型的灾害发生，而且次数和猛烈程度均超过前朝。灾害发生后，除了直接的人员伤亡和财产损失外，还会引起饥馑、疫病。灾害使得农业歉收甚至绝收，粮价飞涨，粮食短缺导致饥民的大量死亡，随之而来的就是疫病流行、人口流失、土地荒废，进而导致社会秩序混乱、犯罪现象频发、经济滑坡。如果政府不能及时救灾，大量的灾民在物质极度匮乏的情况下，出于强烈的求生本能，可能会采用暴力的手段来争取生存的权利，历史上许多农民起义就是开端于灾民的抢粮抢米。

4.2 法律对唐代灾荒救济程序的规范

唐代的灾荒救济已经形成了比较完备的制度，并且以法律的形式进行了规范，在《唐律疏议》《唐六典》中有所规定。唐代灾害发生后，有汇报灾情—救灾决策—救灾执行—监察四个阶段。

4.2.1 汇报灾情

在灾情发生后，地方官员有向上级官员乃至中央进行汇报的责任。中

① 邱国珍：《三千年天灾》，江西高校出版社 1998 年版，第 132 页。

央的救灾决策也与地方官员对灾情的汇报紧密相关，因此唐代建立了灾情的奏报与核实奏报机制，并要求地方政府逐级向上汇报灾情不得延误，以保证中央最高政府在最短的时间内掌握真实的灾情及其动向。关于奏报的公文形式，在《唐六典》中规定了“凡下之所以达上，其制亦有六：曰表、状、笺、启、牒、辞。表上于天子，其近臣亦为状；笺、启于皇太子，然于其长亦为之，非公文所施；九品以上，公文皆曰牒；庶人言曰辞”。所以地方奏报中央灾情的文书应该是表和状。而关于奏报的程序，唐律中规定“其应损免者，皆主司合言。主司，谓里正以上。里正须言於县，县申州，州申省，多者奏闻”。① 地方官吏在辖区发生灾害后，奏报程序是里正—县—州—尚书省，尚书省在情况严重，损失重大的情形下向皇帝奏报，以便中央进行赈灾决策。所谓“州县检实”，就是由地方官核实灾情，确定农作物受灾等级，避免灾民谎报，这也是灾情上报之前的重要程序。

柳宗元在贞元二十一年为京兆尹王权起草的灾害上奏状：“雨泽愆时，田苗微损，……其昭应等九县，臣各得状，并令详审，各绝隐欺，谨具别状封进。臣当府夏税。通计约二十九万石以上，据所损矜免，只当三万石有余。恤人则深，减数非广。伏以圣慈宏贷，悯念蒸黎，臣忝职思，不敢不奏。”② 奏文要求朝廷对受灾的昭应九县给予更多的赋税减免，可以看出地方政府对灾情要详细统计其所造成的损失及需要减免的赋税数量，并要求做到“并令详审，各绝欺瞒”，以便中央政府掌握灾害情况并制定相应对策。对于官吏应报告而不报告或者作虚假报告的，唐律规定了“杖七十”的处罚；负有检验责任的官吏，复核检验不符实的与上罪同样处罚，也应处杖七十。

4.2.2 灾害救济决策与执行

（1）救济决策

接到尚书省的灾情汇报后，中央要进行救灾决策。救灾决策的最高权

---

① 钱大群：《唐律疏议新注》，南京师范大学出版社2007年版，第420页。

② （宋）欧阳修、宋祁：《新唐书·五行志二》，第35卷，中华书局1975年版，第960页。

力归中央，而皇帝是决策的核心。一般皇帝会命中书、门下、尚书三省长官商议赈灾之策，而参加决策的一般还有一些朝廷重臣，如中书舍人、翰林大学士、给事中等。根据灾害的严重程度及波及范围，唐代的救灾决策可分为全国性的政治决策和地方性的方法论决策两大类。第一类通常是国家赈灾减灾的政策法规，中央政府经常采取开仓赈灾、减免赋税、调粮治病等政治措施；第二类是一些地方性的、具体的救灾措施或方法，适用于虫患蝗灾等较小规模灾害，中央采取集中扑杀等具体办法。在唐朝救灾决策之前，政府会代表皇帝征求各级官员的意见，体现了政府决策的公开性。在唐玄宗开元十一年间，株洲地区发生水旱，百姓流离失所，无家可归，中央政府就征询地方官府关于安置抚恤的意见。地方官员们则以书面建议的形式，来表达自己的意见，同时将相关信息上达到中央。但这种情况相对较为少见，囿于当时的通信不便且灾情紧急，一般都是由中央官员以及外派的灾情巡视官员提出灾害处理意见。救灾的决策做出后，由中书省拟出诏旨，门下省审查后由皇帝颁布，尚书省各部及其他相关部门具体执行。

（2）救济的执行

灾害救济的重要环节是救灾措施的落实和执行情况的监督，直接关系百姓的人身安全和国家的财产损失程度。因此唐代中央政府非常重视对救灾实施过程的监督，并通过了相应的法律规定。中央尚书省户部仓部司、工部水部司等在各自职权范围内执行中央的政令，分担救灾责任、负责救灾工作，或参与编制中央减灾规划的决策预算方案，或协助和支持地方政府的救济工作。当时的法律规定，地方政府是救灾的执行机构，不仅要执行中央的救灾决策，而且承担着救灾主体的职责。《唐律疏议》记载："近河及大水有堤防之处，刺史、县令以时检校。若须修理，每秋收讫，量功多少，差人夫修理。若暴水泛滥，损坏堤防，交为人患者，先即修营，不拘时限。"

在执行中央的救灾政令时，地方政府必须严格遵守中央政府的规定，不能改变中央的政令。为了防止改变中央政令情况的出现，重大灾害发生后，皇帝也会派出三省要员或御史台官员，作为指导赈灾工作的宣抚使去灾区视察。这些使臣肩负重任，除了代表皇帝前往灾区了解灾情、慰问灾民、宣布紧急救援物资发放、安抚民众之外，另外就是对地方政府的救灾活动进行监督和纠违。

4.2.3 发赈救济

发赈救济又称作赈恤，可以说是灾荒救济中最关键的一环，是救灾决策的实施，关系到灾民生存，以及灾后社会的稳定，直接关系着救灾的成败。发赈救济可以分为无偿救济和有偿救济两大类。无偿救济称作赈给，在灾害发生时，政府用实物救济灾民，以赈粮（主要是粟和米）为主，同时还兼以布帛等生活必需品，这是灾害发生后最直接有效的救灾方法，避免了灾后因饥饿、寒冷等因素对灾民的二次伤害。唐太宗贞观七年，“八月，山东、河南三十州大水，遣使赈恤”；贞观十一年，“九月丁亥，河溢，坏陕州河北县，毁河阳中潬，幸白司马坂以观之，赐遭水之家粟帛有差”。在唐德宗贞元十八年，蔡、申、光三州遭遇水旱灾，政府“赐帛五万段，米十万石，盐三千石”的救济，到宪宗永贞元年九月下，申、光、蔡及陈、许两道发生旱灾，朝廷“申、光、蔡等州宜赐米十万石，陈、许等州赐米五万石。仍令刑部员外郎薛舟充宣慰使，专往存问”。可见，唐代对灾民的赈给以赈粟为主，其次还有帛等。同时，在灾害发生的紧急时刻，唐代政府还直接施粥救济饥民。

有偿救济有赈贷和赈粜两种。赈贷是政府将一定数量的粮食和种子无息借贷给灾民，供他们维持正常的生活并恢复生产，待来年收获后归还。如唐太宗贞观二十二年，多州遇到鼠灾、蝗灾、旱灾，太宗命“赈贷种食”；唐高宗永徽四年，“光、婺、滁、颍等州旱，兖、夔、果、忠等州水，并贷赈之。五年六月，诏工部侍郎王俨，往河北较行遭水诸州，乏绝者赈贷之”。同时从相关史籍中也可以看到，政府对赈贷的数量进行了记载并要求归还。唐大中六年户部在有关赈贷的奏折中曰，“其所使斛斗，仍仰录事参军至当年秋熟后专勾当，据数据追收填纳，不令违欠”，[①] 说明

① 《册府元龟》卷五〇二《邦计部·常平》，第6024页。

赈贷时是需要填写相关数据，并在秋后归还不得拖欠。赈粜是政府灾荒后将粮食以较低的价格出售给灾民，因出售的价格远低于正常价格又称作“贱粜”。唐高宗仪凤四年，曾命令东都县“就市粜以救饥人”。长庆四年二月，敬宗《令京兆府平粜诏》曰：“京城米谷翔贵，百姓乏食者多，夏麦未登，须有救恤。宜出太仓陈粟四十万石，委度支京兆府类会，减时价於东西街置场出粜。其价钱仍司府收贮，至秋收籴。”有偿救济减轻了国家的负担，使得更多的灾民可以获得救济，并且消除了灾民的依赖思想，归还的救济物又充实了国库，有利于更好地抵御以后的风险。

在无偿救济与有偿救济的确定原则上，大致可以归纳为两点。一是受灾家庭的经济情况。如果受灾家庭经济情况较好，则承受能力相对较强，而国家首先要救济的是社会底层贫困家庭，灾害承受能力弱，同时又是国家徭役、税收的主要承担者，如果不及时进行救济往往会造成比较大的社会动荡。所以在救济过程之中都是先对“贫下户”进行无偿救济，而对于条件较好的“中等之户”或者“富豪之户”，视情况给予有偿救济，或者不予以救济。二是灾害的严重程度，如果灾害造成的损失很大，使得灾民颗粒无收，流离失所，则无偿救济；反之受灾程度较轻，则以有偿救济为主。在实际操作过程中，具有一定的不确定性，根据具体情况来进行，而且需要和粮仓储备情况以及受灾人口的多少相挂钩。

4.2.4 蠲免及缓征钱粮

蠲免，又称蠲复、给复，是指对百姓承担的课役的减免。蠲免政策实施的原因有多种，因灾蠲免是其中一种。可以说是唐中央政府运用经济手段对灾害的抵御。唐太宗贞观元年夏天的时候，山东全境大旱，就下旨免去当年的赋税。唐中宗神龙元年“洛水暴涨，坏庐舍二千馀家，溺死者甚众。……八月戊申，以水灾，令文武官九品以上直言极谏。河南洛阳百姓被水兼损者，给复一年”。开元年间，唐玄宗曾多次下诏“天下遭损免州及供顿州，无出今年地税，如已征纳，听折来年逋租悬调、贷粮种子、欠负官物在百姓腹内者，并宜放免诸州”。对于减免的办法，在史籍中多有记载，高祖武德七年定令：“凡水旱虫霜为灾，十分损四已上免租，损六已上免调，损七已上课役俱免。”《唐六典》记载：“凡水旱虫霜为灾害，则有分数，十分损四以上免租，损六以上免租调，损七以上，课役俱免。若桑麻损尽者，各免调。若已役已输者，听免其来年。”北宋《天圣令》保留的唐代《赋役令》对此规定为：“诸田有水旱虫霜不熟之处，据见营之田，州县检实，具帐申省。十分损四以上，免租；损六，免租、调；损七以上，课、役俱免。若桑、麻损尽者，各免调。其已役、已输者，听折来年。经两年后，不在折限。其应损免者，兼计麦田为分数。”在仁井田升所著《唐令拾遗·赋役令》中有此条文，“【武德】【开元七年】【开元二十五年】诸田有水旱虫霜为灾处，据见营田，州县检实，具帐申省。十分损四分以上免租，损六分以上免租、调，损七以上课役俱免。若桑麻损尽者各免调。已输者，听折来年，经二年后不在折限。其应免者，通计麦用为分数”。①

可见从唐初开始，即专门制定令以规定遇灾减免赋役的情形，并且规定若已在灾后的蠲免折算办法。这一做法也为后代所继承，但其以四分灾即可蠲免的分数是高于此后各朝代的，而且能够看出自武德七年规定下来的因灾蠲免的三分标准被一直沿用。在蠲免租庸调的同时，唐代对地税也有相应减免规定：“若遭损四已上免半，七已上全免。”地税是用于灾害救助的专项资金。相较于租庸调蠲免的三分标准，地税减免仅有两分，蠲免的要求更为严格，说明朝廷对灾害专项储备的重视。从史料记载看，因灾蠲免制度在唐代得到贯彻执行，只不过到了唐后期，赋税制度的改革，对因灾蠲免做出相应调整。贞元八年十二月，针对诸州水灾，德宗下《赈恤遭水灾百姓敕》曰：“其州府水损田苗及五六分者，今年税米及诸色官田种子并减放一半；损七分以上，一切全放。”元和四年正月，宪宗在《分命使臣赈恤水旱百姓敕》中规定：“其元和三年诸道应遭水旱所损，州府合放两税钱米等，损四分以下，宜准式处分；损四分以上者，并准元和元

① ［日］仁井田升：《唐令拾遗》，苏静等编译，长春出版社1989年版，第605页。

年六月十八日敕文放免。”贞元八年的敕书对蠲免的起点提高至“五六分”，而非前期的四分，蠲免的赋税内容也发生了变化。

4.2.5 其他救灾措施

（1）令民逐粮就食

令民逐粮就食，是一种在唐初得到广泛运用的救灾措施。在担当救灾职能的义仓建立之前，“每岁水旱，皆以正仓出给。无仓之处，就食他州”。于是，令灾民到邻近有粮储的州县就食成为政府不得已而为之的救灾方式。

唐代的令民就食，主要集中在高祖、太宗、高宗及玄宗前期。贞观二年，天下诸州并遭霜、涝，邓州当年多有储积，“蒲、虞等州户口，尽入其境逐食”。高宗总章二年七月，“剑南益、巂、泸、嶲、茂、陵、邛、雅、绵、翼、维、始、简、资、荣、隆、果、梓、普、遂等一十九州大旱，百姓乏绝，总三十六万七千六百九十户，遣司珍大夫路励行存问、赈贷，许其往荆、襄等州就谷”。咸亨元年，“天下四十余州旱及霜虫，百姓饥乏，关中尤甚。诏雍、同、华、蒲、绛五州百姓乏绝者，听于兴、凤、梁等州逐粮”。永隆二年八月，河南、河北大水，高宗许遭水处百姓往江、淮以南就食。由此可知，政府令民逐粮就食一般都是在发生了跨地区的大灾后，因为仓廪空虚，政府已无力赈救灾民，只能通过令民就食这种无奈之举，将灾民分流到粮食储备比较充裕的地方，既能解救灾民，还能减轻灾区的人口压力，在一定程度上解决灾区粮食匮乏的问题，避免灾区局势更加恶化，缓解社会危机。

在对待就食灾民问题上，朝廷要求地方善待流民，一些地方官也颇能救抚饥寒。贞观二年，太宗就因邓州刺史陈君宾善待流民，下诏褒奖他：“去年关州及蒲、虞、陕、鼎等复遭亢旱，禾稼不登，粮储既少，遂令分房就食。比闻刺史以下及百姓等并识朕怀，逐粮户到，递相安养，回还之日，各有赢粮。乃别赍布帛，以申赠遗，如此用意，嘉叹良深。”河南“大水，……人至相属，崿（南华令李崿）为具言嚣，及去，糗粮送之，吏为立碑”。可见，灾民异地就食，是能够得到救助的。用于灾民就食的粮食来源，史无明文，但据《旧唐书》卷一八五《陈君宾传》中“当年多有储积”，以及太宗诏书褒扬邓州百姓“养户百姓，不吝财帛”之语，地方上所使用的应是义仓粮储，同时地方百姓也出钱参与对灾民的救助。

当然，灾民背井离乡，逐粮就食并非什么万全之策。颠沛流离，居无定所，饥寒交迫，经常会导致大量灾民非正常死亡。例如，永淳元年六月，连日大雨，“国中大饥，蒲、同等州没徙家口并逐粮，饥馁相仍，加以疾疫，自陕自洛，死者不可胜数”。

同时，随之产生的是流民问题，尽管政府希望灾民灾后返回灾区，重建家园，但在异地就食之际，政府既不能进行有效的控制，也不能保证其灾后全部返回。咸亨二年二月，高宗“遣使存问诸州逐粮百姓，渐令复业，仍令较优恤之。其未情愿归者，听之”。灾后，虽然多数流民会回到原籍，但户口的流失是可能的，这当然不利于政府对户口的有效控制，进而影响到国家的财政收入。在天授二年（公元691年）的《置鸿、宜、鼎、稷等州制》中，武则天就指出：“其有诸州人，或先缘饥岁，流宕亡归……为籍贯属，恐陷刑名，荏苒多时，未经首出。”这说明存在由于灾荒导致许多灾民逃亡不归，不附籍贯的情况。对地方官吏来说，一个重要的考课标准就是：不流失户口。开元初，玄宗下诏：“其县令在任，户口增益，界内丰稔，清勤著称，赋役均平者，先与上考。当州考额之限。”因为担心流民会一去而不复返，影响自己的考绩和仕途，所以一些地方官吏反对移民就食。据《新唐书》卷一〇五《李义琛传》记载：“为雍州长史，时关辅大饥，诏贫人就食商、邓，义琛恐流徙不还，上疏固争。左迁黎州都督。”更有甚者，有的地方官吏还采用强制手段，禁止灾民外出，如《新唐书》卷一二七《张嘉贞附张延赏传》所载：“岁旱，民它迁，吏禁之。”

从武则天到玄宗之际，土地兼并开始抬头，逃户问题日趋严重，而灾害之际灾民离开本土流亡他乡也是产生逃户的一个重要因素。《资治通鉴》卷二一一记载，开元三年，山东大蝗，姚崇就指出：“今蝗满山东，河南、北之人，流亡殆尽。”这话虽可能夸大，但也反映了流亡问题的严重。开元十二年，在《置劝农使安抚户口诏》中，玄宗也承认：“至如百姓逃散，良有所由，当天册、神功之时，北狄、西戎作梗，大军之后，必有凶年，水旱相仍，逋亡滋甚。自此成弊，于今患之。且违亲越乡，盖非获已，暂因规避，旋被兼并。既冒刑网，复捐产业，客且常惧，归又无依，积此艰危，遂成流转，或因人而止，或庸力自资。”因此，户口的逃亡越来越引起政府的重视。开元十四年七月，河南诸州水灾。十一月，玄宗诏曰：“近闻河南宋、沛（汴）等州百姓多有沿流逐粮，去者须知所诣，有以安存。宜令本道劝农事（使）与州县检责其所去及所到户数奏闻。”这表明，政府对流民就食的政策发生了变化，开始注意加强对逐粮灾民的控制，以避免户口流失。从玄宗以后，史书中不再有国家令民就食的记载。灾害之际，地方官吏的主要任务就是“设法招携”，“课最之间，褒贬斯在”，避免灾民逃亡成为地方官的重要政绩。说到底，令民逐粮就食，这种救灾方式只适用于财力尚不充裕的唐初，是一项在政府粮食储备不足的情况下无奈的救灾政策。唐后期，中央不再有令民就食的诏令，史书中虽不乏灾民流亡的记载，因灾逃亡仍是灾民摆脱危机、谋求生存的一个重要手段，但这已经是灾民自发的活动了。

（2）调粮救民

转运粮食救灾与令民就食虽然形式不同，但都是为了解决灾区粮食不足而采取的救灾举措。唐前期，由于中央统一管理财政收支，遇到灾区粮食不足，可以调拨其他地区的粮食救济灾区以弥补不足，而运河交通的便利，各地义仓储备的充足，使这种大规模的粮食运输成为可能。

唐代第一次大规模的转运粮食救灾，是在高宗咸亨年间。这一年，天下四十余州受灾，关中尤甚。“九月辛未，诏赞善大夫崔承福、通事舍人韦太真、司卫承（丞）钳耳知正等使往江西（南）运粮以济贫乏。”至于转运的救灾粮食来源，据《旧唐书》卷五《高宗纪下》记载，“仍转江南租米以赈给之”，即遣使调运的是江南收获的租米。之所以要派遣使臣前往江南转运，是因为地方租米的正常起输时间是十一月，很可能会延误关中救灾。在韦泰真等人的主持下，此次转运粮食救灾的任务顺利完成。可见，救灾转运粮食的一个重要来源是地方租米。

义仓粮，是救灾转运的第二种粮源。咸亨元年十一月，在转运江南租米的同时，高宗又“令运剑南义仓米万石，浮江西下以救饥人”。义仓米本是用来救灾的储备，但由于是国家的正常税入，所以此时被中央调拨来救济其他地区。至于这些调运的义仓米是否需要偿还，不得而知。

唐后期，这种方式经常应用于救灾活动中，尤其是在德宗、宪宗初年常平义仓尚未重建期间。从德宗兴元元年到贞元元年，北方广大地区遭遇蝗、旱之灾。兴元元年，宋亳、淄青、泽潞、河东、恒冀、幽、易定、魏博八节度使管内“螟蝗为害，蒸民饥馑”，闰十月乙亥，“诏每节度赐米五万石，河阳、东畿各赐三万石，所司般运，于楚州分付”。当时，朝廷从诸道、川的两税上供米中划拨出一部分作为朝廷的“赐赈”来救济灾区。从数量上看，中央政府这次赐给力度相当大，因按大历、贞元时期的制度，每岁转运江淮米也不过50万石，此后也没有超过这个数量。再如文宗大和三年（公元829年）五月，由于郓曹濮、淄青、德齐、兖海等地水损，诏赐米赈给，“并以入运米在侧近者逐便速与搬运”。所谓“入运米”，就是诸道运往京师的两税上供米，而粮食的转运是由转运使所司诸道巡院负责的。有时，转运使还可以根据各地情况减少上供数额来备灾。例如，开成元年十二月，“盐铁转运使奏：‘据江淮留后卢钢以江淮诸州人将阻饥，请于来年运米数内量留收贮至春夏百胜饥乏之斥，减价出粜，收其值，待熟偿之，无损于官，有利于人。’帝嘉之，诏留常运米三十万石”。

此外，还转运诸道和籴、折籴米救灾。兴元元年闰十月，德宗命度支以江淮、浙江东、西道加价和籴米数十万石，在受灾诸道减价出粜。元和四年十一月，淮南、浙西旱歉，米价高昂，诏：“宜以江西、湖南、鄂岳、荆南等使折籴米三十万石赈贷淮南道三州，三十万石贷浙西道三州。恐此米来迟不救……宜委淮南、浙西观察使且各以当道军粮米据数给旱损人户，节级作条件乐贷……待江西等道折籴、和籴米到各处依数收管。”

当时，跨地区的调拨义仓粮救灾已经不多见，只有在中央控制比较严的江南地区还存在。据《崔芃神道碑铭》记载，元和四年崔芃出使浙东、浙西，“发吴之公聚，赈越之艰食……东人鼓舞，感动肝膈”。按照宪宗同年正月的制令，“令中书门下即于朝班中择人分道存抚，其有单贫乏户，转徙未安，便以常平义仓所贮斛斗量事赈贷”。崔芃所调“公聚”，应为地方义仓储备。

无论利用何种性质的粮食，中央财政终归是转运救灾的主要承担者。可以说，通过中央政府统筹规划的方式，统一调配救灾物资，有利于解决灾区粮食的不足，体现了唐朝政府的灾害宏观管理能力，因此，调粮救民在救灾中发挥了一定的积极作用。据《封揆墓志铭》记载，贞元初，“时三河旱蝗，路多喂莩，而舟车□运，馈饷滋阜，卒免半菽，惟君是赖”。

当然，长途的粮食运输也存在缺陷，制约了赈灾效果：一方面，转运耗费了大量人力、物力和时间。如前所述，元和四年正月，朝廷下令：以江西、湖南折籴米赈贷淮南、浙西。当时，李绛指出：“江淮诸道百姓差使于江西、湖南搬运，往来返数千里，五六个月舟船方到，百姓殍殆相望，转徙沟壑矣，盖缘道路遐远，不救急切也。”另一方面，受运力的限制，中央调运数量有限，这在很大程度上制约其积极作用的发挥。与汉代大规模的运输救灾不同的是，唐代由于有了较为完善的地方义仓救灾储备，只是在发生大面积天灾导致灾区粮储匮乏时，才会采用长途运输这种临时性措施。

(3) 灾后抚恤

在救灾活动中，政府的核心任务是恢复和重建灾民的基本生存条件，采取蠲免、赈济等措施对灾民进行赈救。除此之外，进一步的措施还包括对灾民住所、医疗等基本需要的满足，以及对死者家属的抚恤，解决因灾产生的孤儿等社会问题，这些都属于灾后恢复的基本措施。在唐朝以前各朝，在灾害抚恤方面采取的措施主要有赐棺木、赐钱、给药等。

对于因灾死亡人口，如果不及时掩埋，很容易导致疾疫流行，唐代政府一般提供棺木，高宗时还赐物以示优抚，一方面作为丧葬费用，另一方面给予死者家属精神上的安慰。永徽元年，新丰零口山洪暴发，溺死九十余人，“诏给死者绢布三匹，仍给棺瘗埋之”。对于灾区，一般拨给灾民的粮食赈济是由地方义仓负担。那么，对于死亡家口抚恤的赐物从何而来？史无明文，财政预算中也没有专门的开支，所赐布帛应当是由地方府库所贮或是上运的庸调课物中支出。永隆元年秋，河南北诸州大水，“溺死者各给棺槥，仍赠其物七段”。永隆二年八月，“河南、河北大水，诏溺死者各赠物三段”。同样是死者，赐物差别之所以很大，大约是因为第一年对死者的赐赠布帛导致当地官物数量骤减，第二年只能减少赐物数量。所以，关于赐物的数量，并没有一定的标准，主要是根据当地政府储存的布帛情况决定。

但是，对灾害亡殁人口的赐物，似乎只实行于唐初，尤其是高宗时期的特别政策，此后就不再有相关记载，只是要求地方政府协助埋葬。在唐代，地方协助埋葬因灾死亡人口是一项固定的政策，朝廷的诏令经常要求地方政府埋葬因灾死亡人口。例如，元和十二年九月，对诸道遭水州府溺水死亡人户，“委所在收瘗”。

对死亡之家，有时还要给复。《旧唐书》卷八《玄宗纪上》记载，开元二十二年二月，秦州地震，玄宗命“压死之家给复一年，一家三人已上死者给复二年”。有时，对于死亡人口较多的家庭要减免租税。文宗大和六年五月，诏：“诸道应灾荒处疾疫之家，有一门尽殁者，官给凶具，随事瘗藏（葬）。一家如有口累疫死一半者，量事与本户税钱三分中减一分，死一半已上者与减一半本户税。其疫未定处，并委长吏差官巡抚，量给医药，询问救疗之术，各加赈济，事毕条疏奏来。”但这些并不是常制。对于疾疫，唐政府还会专门遣医给药治疗，如贞观十六年夏，“谷、泾、徐、虢、戴五州疾疫，遣赐医药焉”。

如果百姓因灾害而损坏房屋，政府要帮助修造。显庆元年七月，宣州泾县山洪，“庐舍损坏者，量为营造，并赈给之”。有时，也会劝乡里帮助修复，如显庆四年七月，连州山水暴涨，七百余家遭损，诏“乡人为造宅宇，仍赈给之”。

灾害期间，饥民处于绝境时，往往会出现买卖人口的现象，政府往往会出资帮助饥民赎回。《新唐书》卷二《太宗纪》记载，贞观二年三月

“己巳，遣使巡关内，出金宝赎饥民鬻子者还之”。对于因灾失去双亲的孤儿，一般会要求亲属收养。文宗大和六年五月，诏：“天下有家长大者皆死，所余孩稚十二至襁褓者不能自活，必致夭伤。长吏勒其近亲收养，仍官中给两月粮。”

与前代的抚恤措施相比，唐代的灾后抚恤内容更为广泛，通过物质的补偿与精神的抚慰，有助于灾区的稳定与恢复灾民的信心。不过，从现存史料来看，唐前期由于国力强盛，政府对于灾后的抚恤工作比较关心，通过给葬具、赐物、助修房屋等方式来给予安慰，帮助灾民恢复信心，使灾民得到了更多的实惠。

4.2.6 灾害救济的监督与审计

（1）救济监督

唐代政府在救灾的同时也把救济监督纳入制度设计之中。唐中央政府负责灾害监督职责的主要官员是谏臣，包括中书省、门下省的谏议大夫和御史台的监察御史，除此之外左右拾遗、左右补阙等言官也可以向皇帝提出监督的意见。灾害发生后，中央经常会向地方派遣宣抚使，宣抚使的职责除了了解灾情、安抚灾民之外，就是进行救济的监督，并及时将督查的结果上报给中央。在监督的过程之中，宣抚史会对地方政府执行政令的情况、地方官员在赈灾过程中是否有贪污舞弊的现象进行考察，在一定程度上起到了震慑的作用。

（2）救济审计

救济审计主要是对救灾物资的使用调配进行核查和审计，这项工作一般是由刑部下设的比部和御史台来完成的。比部是专管审计的机构，主官为比部郎中和员外郎，职掌“周知内外之经费，而总勾之。……凡仓库、出纳、营造、佣市、丁匠、功程、赃赎、赋敛、勋赏、赐与、军资、器仗、和籴、屯牧，亦勾覆之”。所谓“勾”，就是审计检查的意思。唐代凡国家经济活动均须经过比部的审计，救灾物资的调运、发放自然也不例外。在比部审核之后，由度支部、太府、金部、仓部等部门掌管出纳事宜，之后还有御史对比部的审核进行再次的监察和核对，做到了从多方面进行审计核查，以保证救灾物资使用得当。

4.3 唐代灾荒救济中的吏治与监察制度

4.3.1 灾荒救济中的吏治

到唐代，对官员救荒失职的惩处已经法律化了。在《唐律疏议·户婚》中，专门规定了相应的法律责任：

诸部内有旱涝霜雹虫蝗为害之处，主司应言而不言及妄言者，杖七十。覆检不以食者，与同罪。若致枉有所征免，赃重者，坐赃论。

[疏] 议曰：旱谓亢阳，涝谓霖霪，霜谓非时降賈，雹谓损物为灾，虫蝗谓螟蝱蟊贼之类……其应言而不言及妄言者，所由主司杖七十。其有充使覆检不以实者与同罪，亦合杖七十。若不以实言上，妄有增减，致枉有所征免者，谓应损而征，不应损而免，计所枉征免，赃罪重于杖七十者，坐赃论罪止徒三年。既是以赃致罪，皆合累倍而断。

问曰：有应得损免，不与损免，以枉征之物，或将入己，或用入官，各合何罪？

答曰：应得损、免而妄征，亦准上条“妄脱漏增减”之罪：入官者，坐赃论；入私者，以枉法论，至死者加役流。①

从律文规定可以看出，当辖区境内发生影响农业生产的自然灾害时，官员应进行奏报，并实际勘查灾情，否则将承担责任。这里存在三个罪名，一是匿灾不报或报灾不实，处以杖七十的刑罚；二是勘查复核灾情隐匿或奏报不实，同样处以杖七十的刑罚；三是因匿灾不报或报灾不实导致

---

① 《唐律疏议》卷十三，《户婚》一百六十九条。

民众不得享受法定之赋税减免，或致不应减免而减免，如果涉及钱数达到规定数额，则以坐赃之罪论处。

4.3.2 灾荒救济中的监察制度

（1）派遣专史监察

在灾害发生后，唐代政府会派遣一些专门的使者代表皇帝到灾区进行情况视察、安抚灾民、监督地方政府的工作。委派的官员可能是朝廷要员，如尚书省诸部尚书、中书省的中书舍人，也有可能是皇帝心腹如宦官，更有可能是中央各部门负有相关职能的官员，如尚书省诸司郎官，派遣的专史往往以宣抚使、宣慰使的名义进行活动。开元十五年，河北遭受水灾，刺史宇文融充当宣抚使，视察受灾地方；开元二十年，“河北谷贵”，卢从愿充当宣抚使“开仓救饥”；开元二十二年，兵部侍郎李镇充山南道宣慰使。可以看出专使原先都有自己的职务，充当专使只是一个临时性的任务，完成使命后职务即告解除。玄宗时期河南、河北连年水旱，有的地方官吏不认真执行中央的救灾政策，且出现营私舞弊的情况，玄宗为此多次派遣专使出使灾区，监督中央救灾政策的执行情况，体现了中央对地方救灾工作的领导和监督。

（2）监察机构监察

唐代御史台是专门的监察机构，下设台院、殿院、察院三个部门。御史台，职责是弹劾百官参与重要案件的审理，监督府库的开支，对朝廷重大的礼仪活动进行纠察。其中察院的职能“掌分察百僚，巡按郡县，纠视刑狱，肃整朝仪”，察院所派的监察御史对地方官吏行使监察权，包括监察地方官吏的善恶行为、所管区域内户口的增减情况、赋税是否公平，以及农业生产的情况和地方治安的状况。御史有巡查全国各地的权利，遇到非法行为便予以纠察，而核查灾区灾情更是其任务的重中之重，玄宗《遣御史分巡诸道诏》中指出“顷因水旱，食货不足，或徭役征逸，多不折中，或租调蠲除，事涉欺隐，皆吏之不称，政之不修。是用命兹使臣，委其详覆”。① 唐代宗大历十二年时，长安遭受大雨损坏田亩，当时的京兆尹黎干上书汇报情况，但有其他官员认为所言不实，代宗于是派御史赵计、朱敖先后巡查，了解真实的受灾情况。由于唐代灾情上报，采取的是逐级上奏的制度，有些地方官员谎报灾情，夸大灾区受灾程度，以获得国家赋税的减免，更有甚者从中舞弊盈利，因此监察御史通常会巡检田苗，了解受灾田亩数量，统计灾害损失情况，并协助地方核定减免赋税的数额向朝廷奏报。灾后御史主要是监察地方官吏的吏治，尤其在减免赋税征集百姓方面的表现，查看赈灾效果和地方法治状况。

（3）巡院的监察

巡院是唐代后期官制变化后产生的机构，是财政三司（盐铁、度支、户部）的下属机构，以管理财政事务为主，兼有监察职能，主要是监察经济违法行为。唐德宗曾下诏：“天下诸州应纳义仓诸色及斛斗，……仍委度支盐铁分巡院及出使郎官切加访察”；唐代宗时期“诸道各置知院官，每旬月，具州县雨雪丰歉之状白使司，丰则贵籴，歉则贱粜，或以谷易杂货供官用，及于丰处卖之。知院官始见不稔之端，先申，至某月须如干蠲免，某月须如干救助，及期，晏不俟州县申请，即奏行之，应民之急，未尝失时，不待其困弊、流亡、饿殍，然后赈之也”。②可见巡院是先于州县申报灾情和需要救济的事项，使得“民未及困而奏报已行矣”，提高了灾后救济的效率。陆贽在《请遣使臣宣抚诸道遭水州县状》曰：“频得盐铁转运及州县申报，霖雨为灾，弥月不止。”③ 这里所说的盐铁转运就是盐铁转运使在地方设置的巡院，可见巡院也担负地方灾情的监察。

① （宋）王钦若：《册府元龟》卷一百六十二《命使》，中华书局1960年版。

② 《全唐文》卷六八四《陈谏·刘晏论》，第7001页。

③ 《陆贽集》卷一七，第533页。

4.4 唐代政府有关灾荒预防的法律制度

4.4.1 建立仓储制度

风调雨顺时期仓储贮粮是中国历代社会一项重要的减灾防灾措施，也是当时一项重要的社会保障制度，一向被视为“救荒之本”“国之大事”，唐代与防灾救灾相关的仓储主要有常平仓、义仓和太仓。

（1）常平仓制度

常平仓制度在中国历史上影响深远，其思想渊源可以追溯到春秋时期管仲的“痛轻重之权”的思想以及战国时期李悝的善平籴之法。但其正式出现是在西汉时期。据《汉书·食货志》记载，汉昭帝时，大司农中丞耿寿昌“遂白令边郡皆筑仓，以谷贱时增其贾而籴，以利农，谷贵时减贾而粜，名曰常平仓。民便之”。由此可见，常平仓的初始作用是丰年平籴，荒年平粜，以国家的力量保证粮价的平稳，避免大起大落而影响农业生产。唐宋以后，逐渐发展为赈济与平粜并行。

唐代开始逐渐加强对常平仓的管理，唐玄宗开元二年时诏：“天下诸州，今年稍熟，谷价全贱，或虑伤农。常平之法，行自往古。苟绝欺隐，利益实多。宜令诸州加时价三两钱籴，不得抑敛。仍交相付领，勿许悬欠。蚕麦时熟，谷米必贵。即令减价出籴。豆等堪贮者熟，亦宜准此，以时出入，务在利人。江岭淮浙剑南地，皆下湿不堪贮积，不在此例。其常平所须钱物，宜令所司支料奏闻，并委长官专知，改任日递相付受。且以天灾流行，国家代有，若无粮储之备，必致饥馑之忧。县令亲人风俗所系，随当处丰约，劝课百姓。未办三载之粮且贮一年之食。每家别为仓窖，非蚕忙农要之时，勿许破用。仍委刺史及按察使觉察，不得容其矫妄。”① 十六年九月，玄宗再次下旨：“如闻天下诸州，今岁普熟，谷价至

---

① 《册府元龟》卷五〇二《邦计部·常平》，第6021页。

贱，必恐伤农，加钱收籴，以实仓廪。纵缝水旱，不虑阻饥。公私之间，或亦为便。令所在以常平本钱及当处物，各于时价上量加三五钱。百姓有籴易者。为收籴。事须两和，不得限数。配籴讫，具所用钱物及所收籴物数，具申所司，仍令上佐一人专简校。”①

由此可见，唐代加强了常平仓的储备，一方面加时价收购，使获得丰收的农民增加收入；另一方面增强了仓储，有利于灾时平抑物价。

(2) 义仓制度

义仓在汉代已有记载，但从史籍看，隋以前虽早已有官私赈济的事实，但赈贷谷物来源不固定，专供赈贷之用的仓库并未出现。到隋朝，义仓开始正式出现。开皇五年的时候，工部尚书孙平提出了国家赈贷制度化的建议，提出设置义仓，由“诸州百姓及军人”② 出粟，出粟方式为“劝课”，带有半自愿的性质，所得用于饥荒赈贷。

唐代的义仓设于贞观二年，已经发展成为当时最重要的救灾仓库。在义仓设置前，主要是以正仓赈济灾民“先是每岁水旱，皆以正仓出给，无仓之处，就食他州”。③ 贞观以后，灾害赈济基本依靠义仓。但自中宗时，义仓由于挪用而告罄。“高宗、武太后数十年间，义仓不许杂用，其后公私窘迫，贷义仓支用。自中宗之后，天下义仓，费用向尽。”④ 开元年间，义仓“渐复修崇”，在救灾活动中发挥了重要作用，这与玄宗加强对义仓的管理与使用有密切关系。在制度层面玄宗对义仓的征收与使用予以规定。《唐六典》对此有两条记载：“凡义仓之粟，唯荒年给粮，不得杂用。若有不熟之处，随须给贷及种子，皆申尚书省奏闻。”⑤ 又“每岁据青苗征税，亩别二升，以为义仓，以备凶年。将为赈贷，先申尚书，待奏报后分给”。⑥ 制度明确规定了义仓为救灾专项物资，“不得杂用”，并规定了征

① 《册府元龟》卷五〇二《邦计部·平籴》，第6012页。
② 《隋书·食货志》。
③ 《册府元龟》卷五〇二《邦计部·常平》，第6020页。
④ （唐）杜佑撰，王文锦等点校：《通典》卷十二《食货志》，中华书局1988年版，第291页。
⑤ 《唐六典》卷三《尚书户部》仓部郎中员外郎条，第77页。
⑥ 《唐六典》卷三十《三府都护州县官吏》仓曹司仓参军条，第525页。

收标准与使用程序。义仓逐渐形成了出贷回簿制度，义仓的给贷成为常制。①“所在旱涝，屡观表章。因饥馑而为理，竭忧劳以养人。非二千石，孰应斯委。下户给之，高户贷之，所需赈贷，并先处分。”② 强调在义仓赈济时，要以户等为标准，下户无偿赈济，高户有偿赈贷。

（3）太仓制度

太仓的主要功能是承担皇家的消费、中央及地方官员的俸禄、军事需要和政府支出。《通典》卷六记载，“天宝时度支岁计粟二千五百余万石，其中三百万回充米豆，供尚食及请司官厨等料，并入京仓”“四百万江淮回糙米转入京充官禄及诸司粮料”。可见供皇室百司使用及储备的粟为七百万石，占总数百分之二十八。

太仓另外还有两个作用。首先，在灾害发生时，太仓储备用于弥补其他粮仓的不足，政府会将太仓储备粮以较低的价格卖给长安的穷人，开场贱粜以济长安贫民同时达到抑制粮价暴涨的目的。有记载的太仓放粮数量，在开元二十一年出太仓米二百万石，天宝十二年、十三年一百一十万石，贞元十四年、十五年四十八万石，元和九年七十万石，元和十二年二十五万石，长庆四年四十万石，这些均为史书上确切数字，其余各年还有很多没数字的两市开场减价贱粜，对救灾有积极的作用。其次，荒年官员福利。荒年往往会钱币贬值、粮食涨价导致购买力下降，政府给官员发放俸禄时，将其中一部分按照一定价格发放成粟米，到秋季粮价平稳时官员再回购粮食“至冬籴粟填纳太仓，时人以为甚便”。

4.4.2 仓储的管理机构

唐朝前期，常平仓是由中央直接运营管理的，唐在建国之初在太府寺设了常平监官，提出了“公私兼具，家给人足，抑止并兼，宣通壅滞”③

---

① 李锦绣：《唐代财政史稿》（上卷），北京大学出版社1995年版，第1078—1081页。

② （宋）宋敏求编：《唐大诏令集》卷一〇三《处分朝集使敕四》，商务印书馆1959年版，第526页。

③ 《册府元龟·常平》。

的方针。

到开元时，常平仓由主要设置在京师地区逐渐发展到遍置于各州，管理权也相应下放到道、州两级管理，“省监，置常平署令一人，掌仓粮管钥，出纳粜籴”。① 中央委托按察使负责本地区常平钱谷的运用，并将每年的账本上报尚书省。这样，诸道就可以根据所辖地区每年收成的好坏、谷价涨跌的不同情况，灵活地调整常平仓的粜籴数量，监督其运营活动。

义仓，最初是带有半自愿性质的，所以最开始的管理国家没有强制要求，以后逐渐转为官府经营后，开始规范化的管理。义仓由尚书省下的户部行使管理职责，每道、每州需定期汇报仓库账目。义仓粮食的收集由专门的社司负责，而义仓粮食的具体发放则是在尚书省批准后由司农丞负责。地方上，仓曹司的仓参军事任义仓的管理官员，具体事务由仓督负责。在超过万户以上的县政府要求设置三名以上的仓督。开元年间设立了采访使，专门监督本道的义仓粮食使用情况，而且有权力在灾荒发生后先赈后奏，以保证救济及时与有效。唐玄宗曾多次强调，“诸州税及地税等，宜令州郡长吏专勾当，依限征纳讫，具所纳数及征官名品申省”。② 要求州郡有专人负责对义仓在内的各种税收征纳：“诸郡义仓，本防水旱，如闻多有费损，妄作破除。自今以后，每郡差一上佐专知，除赈给百姓之外，更不得辄将杂用。”

太仓的管理机构叫太仓署。根据《唐六典》的记载，太仓署的官吏编制包括令、丞、府等官吏，八十一个职位。但这属于法典编制的职官定数，现实中官吏数目是根据实际情况随时增减的。贞元十九年，“太仓奏请依六典，置太仓令两员、丞六员”等共三十三人，接着元和三年又“停太仓丞二员，监事二员”③。太仓铭砖上刻录的管理仓储日常事务的官员，从贞观到大中年间也时有变化。有典签、太仓副使、和命副使、司农卿、平准垂、雍州参军、左右监门诩卫、承替入窖专知官、场官等多种官名，其中有些史籍没有记载。另外，还设有太仓出纳使、两京含嘉仓出纳使等职。

---

① 《通典》卷二六“太府卿·常平署”。

② 《全唐文》卷三十五《命州郡勾当诸税敕》，第384页。

③ 《唐会要》卷八十八。

可以看出唐代的太仓官员数目不是固定的，是随着仓储数量多少而增减的。

4.5 本章小结

灾害救济，是指社会对因遭受自然灾害而陷入暂时困境的社会成员给予的救助。在中国古代社会，自然灾害对以农业为主要生产部门、以家庭为主要生产单位的社会成员来说，是难以完全依靠个人力量来抵御的巨大风险，而且具有时间上、地域上的集中性、突发性、毁灭性的特点。当人们失去最基本的生存条件，而又无法得到社会帮助时，铤而走险的可能性急剧增加，直至危害到他人和社会的共同利益，引发社会动荡，对社会造成的危害远远超过社会为保障他们生存环境而付出的代价。从这一点上来说，对灾民的救济实际上也是统治阶级对自己统治的一种保障。

唐代是中国古代灾害救济制度法律化的朝代。在这一时期，灾害救济的法律制度已成体系，形成了灾害发生前进行预防、灾害发生后及时勘报灾情、制订救灾方案、救灾方案执行、预防救灾过程中的官吏犯罪、救灾过程中监督和救灾完结之后的审计制度，包括了事前预防、事中救济和监督并行、事后审计的各项法律制度。唐代的这些社会救济法律制度的实施，在一定时期和一定程度上使百姓能够安于生活，乐于生产，有效防止了百姓的破产和平民的流亡，避免了社会动荡、保证了社会安定，是唐代社会救济法律制度的重要组成部分，同时也给后世提供了一个可借鉴的范本。

第 5 章

唐代对社会弱势群体救济的法律制度

所谓社会弱势群体是指非由于社会原因，而是由于自身的年龄、性别、身体因素等原因造成的在社会竞争之中处于劣势的群体，包括了年老之人、年幼之人、妇女、残疾人。任何一个社会对弱势群体的救济既能体现社会的文明发达程度，也是社会经济水平高低的映射。

中国古代在西周时期就已经有了救济弱势群体的思想萌芽，统治者奉行“德主刑辅”的治国思想，在刑法上已经有了针对弱势群体犯罪进行宽宥的“三赦之法”，分别是对年老、年幼、智力缺陷之人犯罪之后的特殊赦免规定，同时是当时的“慎罚”法律思想的直接体现。到秦汉时期对弱势群体的保护更多以法典形式体现，秦《仓律》记载，“隶臣、城旦高不盈六尺五寸，隶妾、身高不盈六尺二寸，皆为小”，即秦以身高作为是否成年的标准，男子身高不满六尺五寸，女子身高不满六尺二寸，都被认为是未成年人，可以减轻或免除刑事责任。虽然划分标准未必客观准确，但也反映出秦代已开始从生理角度对弱势群体的区别和关怀。汉代对弱势群体的保护更多地以皇帝的诏令形式体现，汉惠帝曾下诏规定凡是七十岁以上、十岁以下的人，犯罪可以免除刑罚。汉景帝在后元三年时下旨：“高年老长，所尊敬也；鳏寡不属逮者，人所哀怜也。年八十以上，八岁以下及孕妇未乳、师、侏儒当鞠系者，颂系之。”① 对八十岁以上、八岁以下的人和盲人、侏儒、鳏寡的犯罪之人，不得捆绑。汉宣帝也曾下诏，规定对八十岁以上的人，除犯诬告罪和伤人罪之外的罪行，可以免除处罚。从上述的诏令中不难发现，西周时期的思想在被逐渐以法律的形式体现，并且相对于秦代进步明显，对老幼弱的救济均加以考虑，形成了对老弱等救济的初步体系。在此基础上，唐代对弱势相关群体进行了法律上的界定，并分成不同的等级进行有差别的救济，更加精准和人性化，救济法律制度进一步趋于科学、成熟。

---

① 《汉书·景帝纪》。

5.1 对年老之人救济的法律制度

人类社会之初，由于生产力低下以及食物奇缺，很难自给自足，老年人则面临被抛弃的命运，世界各国皆是如此，如在印度、日本等国都有“弃老”的风俗。在英国人乔治彼得慕达克的《我们当代的原始民族》中，也提到了在大洋洲的某个岛上，当一个人残疾或者年老的时候，就会被留在某个荒凉的地方等死，甚至杀死非生产性成员是社会其他成员的义务。在中国的原始社会初期也不外如此。

但自从进入农业社会之后，上述情况发生了改变，种植农作物使人们的食物来源有了初步的保证，而老人积累的农业经验也使得他们不再是累赘，所以可以说是伴随着农耕文明的发展，社会对老人的态度发生了巨大的变化，逐渐形成敬老的风尚，并逐步以法律的形式体现出来。在夏商时期已有按照对待客人的礼仪来对待老人的记载。到周朝更是大力提倡敬老，在每年腊月会举行“乡饮酒”的仪式，仪式由地方官吏主持，六十岁以上的老人坐上座，按照不同的年龄享用不同的菜品，费用由国库支付；以及对年满九十岁的老人，天子携带礼品登门看望，年满八十岁的老人，儿子免除兵役的优待；并给老年人颁发王杖以示尊重。及至先秦，孟子更有“老吾老及人之老，幼吾幼及人之幼”的名言。此后受儒家思想影响的各个朝代，都有尊老敬老的规定，如汉代刘邦制有“受粥法”，对年满九十岁的老人及其家人的生活给予一定的保障；设置“三老五更”① 的荣誉职位，以尊养老人。

唐代是儒家思想传承的巅峰时期，对《唐律疏议》后世有“一准乎礼，得古今之平”的美誉，而在儒家思想中，是把“孝”和“忠”并列的，孔子就认为一个人在家孝顺父母，在外必定忠于君主，是所谓“移孝

---

① 《礼记·文王世子》：“遂设三老五更，群老之席位焉。”郑玄注：“三老五贯各一人也，皆年老更事致仕者也，天子以父兄养之，示天下之孝梯也。”

于忠”。所以唐代统治者对年老之人也格外优待，唐代对年老之人进行救济的法律规定，一是要求其家人子孙给予精神和物质上的照顾，二是对年老之人本人给予法律的优待。

5.1.1　年老的法律标准

唐代以生理年龄为标准对人群进行了分类，并按此对应了不同的税收标准和福利标准。唐代初年，唐太祖在武德七年的时候，“男女始生为黄，四岁为小，十六岁为中，二十一岁为丁，六十为老”，① 也就是男子 16—18 岁为中男，21—59 岁为丁男，60 岁以后为老男，女子亦是如此。

但是在唐代也多次对进入老年的年龄进行调整，如高宗开耀二年的时候，下令“百姓年五十者，皆免课役”②，即认为五十岁的时候就已经进入老年，不用缴纳课役。但后来又将老年重新定为六十岁，到中宗时应韦皇后请求，下旨“天下百姓二十二成丁，五十八免役”③，以后在睿宗时又将入老年龄改为五十九岁。当时的人均分配的口分田数是八十亩，要向国家承担一定的租、庸、调等赋税；老人可以分四十亩，不用交赋役。入老年龄提前的意义在于，可以使得老人提前免除国家的赋役，更早享受到政策的关怀，也有利于统治者收拢人心，而且由于当时人们的寿命普遍偏短，所以真正免掉的赋役并不是太多。

5.1.2　对高年之人给予特别表彰和优待的规定

敬老在中国古代礼仪道德和伦理中有着相当重要的地位，是中国传统文化和民族心理的重要组成部分，并且是统治者和社会大众的主流价值观。西周时期就已经形成了敬老之风，每年腊月都会举办敬老的“乡饮酒

---

① （后晋）刘昫《旧唐书》卷《食货》，中华书局 1975 年版，第 2089 页。

② 王溥：《唐会要》卷八十五，中华书局 1955 年版，第 1556 页。

③ 杜佑：《通典》卷五十一，中华书局 1988 年版，第 1347 页。

之礼”活动，并形成了最早的养老制度——“三老五更”制度，而且将老人尊称为“国老”或者“庶老”。到唐代，统治者将敬老作为其“以德治国”之中“德治”的重要组成部分，身体力行。贞观元年唐太宗继位，颁布“即位赦”，规定八十岁以上的人赐米二石、布帛五段；百岁以上的赐米四石，布帛十段；鳏寡孤独不能自存者，看情况予以一定的优恤。唐高宗时期把《孝经》作为科举测试的一门基本科目，使得学子在求学阶段，都深明孝道之大义。唐玄宗本人大力宣扬孝道，亲自注释《孝经》并颁行天下。同时唐代统治者从法律上对高年老人有更多的优待，主要体现在：

（1）给侍制度

唐开元二十五年《户令》规定，“诸年八十及笃疾，给侍丁一人，九十二人，百岁三人”，皆先尽子孙，次取近亲，皆先轻色。无近亲外取白丁者，人取家内中男者，并听。① 由此可见，年满八十之后，老人就有配给侍丁的优待，也就是国家配给专人来照顾老人的生活，而且随着年龄的增长，配的侍丁越来越多，八十岁的时候配给一名侍丁，九十岁时配给二人，一百岁配给三人。配的侍丁的选取，法律上也有明确的顺序规定，要求先从子孙中选任，“皆先尽子孙，次取近亲，皆先轻色。无近亲外取白丁者，人取家内中男者，并听”。子孙中如果没有合适人选，再从外姓人中选取，即为白丁。如果是白丁充当侍丁，还可以增加本家族的一个年满十六周岁的男丁共同承担照顾老人的义务。唐代重视亲人子孙的侍亲，一是考虑到当时社会的实际情况更依赖于家庭养老，二是能满足老年人的心理需求和亲情关怀，而且更符合中国传统的伦理道德，并能够在年轻人中培养敬老的风气。侍丁的义务是照顾老人的饮食起居，供奉衣食。由于被供奉的老人会受到官府的赏赐，而且其所享有的永业田因为无力耕种，一般也是由侍丁来耕种，基本可以保证生活所需，也减少了侍丁的经济负担。如果是老人的子孙作为侍丁，还有同居侍亲的要求。

---

① （唐）杜佑撰、王文锦等点校《通典》卷七《食货》，中华书局1988年版，第155页。

对于被选中的侍丁，享有一定的物质优待和法律上的优待。首先，侍丁享有“免役，唯输调及租”①，当时唐代的赋役包括有租、调、役、杂徭，充当侍丁后的当事人可以免除部分的赋役负担。其次，侍丁在犯罪后也会有部分优待，《唐律疏议》在卷三名例律中有：“诸犯死罪非十恶，而祖父母、父母老疾应侗，家无期亲成丁者，上请；犯流罪者，权留养亲。”只要不是犯了十恶不赦的死罪，又有父母和祖父母连同曾、高祖父母需要赡养的，有应侍理由的，可以上报给皇帝；如果是犯流罪，如果有父祖必须侍养的，要将犯罪行为人存留养亲。反映出唐政府极力通过道德和伦理要求来规范子孙的养老行为，同时给予法律上的一定优待和保障。

（2）赏赐高年老人

唐代对于高年老人，经常会有一些特别的赏赐，特别是在皇帝即位、巡游、祭祀典礼的时候，逐渐形成了重要场合对高年老人进行赏赐的制度。如在高祖皇帝《即位告天册文》中云：“八十已上各赐米二石，绵帛五段百岁已上各赐米四石，绵帛十段仍加版授，以族尚齿。高年硕学，直言正谏，所在长官，随状荐举。”② 贞观十八年正月的时候，唐太宗因为要出征高丽，在雍州给百岁以上老人被、袍各一件，帛十匹，粟十石；九十岁以上赐物五段，粟五石；八十以上物三段，粟一石。开元二十六年玄宗因为册立皇太子，颁布诏令：“天下侍老八十以上赐粟三石，帛三匹，百岁以上赐粟五石，绵帛五段并假板授。”③ 以后高宗、肃宗皇帝即位的时候对高年老人皆有赏赐，逐渐形成了皇帝即位对老年人赐赏布帛粟米等定制。

据不完全统计，在唐玄宗之前的一百多年间，皇帝对高年老人的赏赐有一百零一次；在整个唐代，赏赐最多的时期集中在太宗、高宗和玄宗时期，有九十六次。④ 这个时期也是唐代政治清明、国力强盛的时期，安史

① （唐）长孙无忌《唐律疏议》，岳纯之点校，上海古籍出版社 2013 年版，第 54 页。

② （清）董浩《全唐文》卷《即位告天册文》，中华书局 1985 年版，第 43 页。

③ （宋）王若钦等编撰：周勒初等校订，《册府元龟》卷五十五《帝王部养老》，凤凰出版社 2006 年版，第 584 页。

④ 盛会莲：“试析唐五代时期政府的养老政策”，《浙江师范大学学报》，2012 年第 1 期，第 38—48 页。

之乱后赏赐记录日渐稀少。可见对高年老人的赏赐也是与国家的财力状况密切相关的。

5.1.3 有关子孙奉养老人的法律规定

（1）子孙有奉养老人的法律义务

唐律中的户婚律规定，子孙要对其父母和祖父母进行供养，也就是说，在唐代养老责任首先是由有血缘关系的后代子孙来承担的，如果出现“供养有阙”情况，是“不孝”，而不孝是中国历史上久远的重大罪名之一，在《尚书》就有提到，被认为是万恶之首。甚至在秦朝法家思想统治时期，在《睡虎地秦墓竹简·法律答问》也有“父告子不孝，谒杀”之条。到唐代“不孝”更属于十恶重罪，在唐代供养有缺是要处以两年徒刑的，子孙不仅是要供养老人，而且辱骂祖父、祖母和父母的要被处以绞刑；殴打他们的，处斩刑；过失杀死他们的，须流放三千里；打伤他们的，徒三年，各种刑罚都比加害普通人要重得多。

（2）子孙在父母及祖父母在世的时候不得分家

为了更好地供养老人，唐律规定父母、祖父母在世而子孙不得别立户籍、分割家产，否则即为“别籍异财”，要受到“徒三年”[①] 的惩处。这种规定也适用于曾、高祖父母在世的情况。别籍异财从表面上看只是分家另过，但在当时的社会情况下会导致父母、祖父母的生活缺乏保障。

（3）对殴打及谋杀父母、祖父母的行为严厉惩罚

唐律之中的“十恶”是对十种恶性犯罪的归纳，凡是属于“十恶”的犯罪，要严加惩罚，而且不容宽恕，“十恶不赦”成语由此而来。“十恶”中的“恶逆”排在第四位，是指殴打或谋杀祖父母、父母，杀害近亲属、夫家的祖父母及父母的行为。疏议之中对此的解释为：父母的恩情，天高难比，延续祖先血脉，侍奉他们都不应轻慢，但是有人却怀凶恶禽兽之

---

① （唐）长孙无忌：《唐律疏议》，岳纯之点校，上海古籍出版社 2013 年版，第 198 页。

心，敬爱之情全都泯灭，对五服内的尊亲，进行殴打或者预谋杀害，凶恶忤逆至极，完全灭绝人伦，所以称为“恶逆”，依照唐律的规定，只要有谋杀祖父母、父母的谋划，不需要实际的行为，就构成了恶逆罪；另外有对祖父母、父母的殴打行为，也属于恶逆罪的另一种情形。犯恶逆罪的，“常赦不免，绝不待时”，即不属于古代社会通常的皇帝登基、遇灾等大赦天下的范围之内，而且如果判死刑之后立即执行，不需要经过三伏奏、秋审等程序。新唐书中记载唐代柳仲郢任京兆尹时执法严苛，其侄子刘诩时任禁军校尉，被控告殴打亲生母亲，柳仲郢将侄子逮捕并在公堂之上杖杀。① 可见当时即使是官员犯恶逆之罪亦无法得到宽宥，柳仲郢的做法符合唐律中“殴父母”死罪且“绝不待时”的法律规定。

（4）对官员赡养老人的特殊法律规定

如果官员的祖父母、父母“老疾无侍”，而官员却弃亲任官，要受到“徒一年”的处罚。唐代推崇儒家礼义，为人子孙以尽孝为第一要务，放任祖父母、父母有病无人照顾，自己出去做官，是违反孝道的。另外如果官员的祖父母、外祖父母无人照料，这种情况下除非其“才华灼然，要籍驱使者”，国家急需其效力无法脱身，应当以奉养祖父母、外祖父母为其尽孝第一位，如果枉顾祖父母、外祖父母，继续为官也会受到“徒一年”的惩处，法律要求官员辞官回家照料，政府会特别给予“半禄”② 的照顾；抑或携带亲人赴任，这种情况称为“移亲就养”。在唐代，甚至有官员以赡养父母的理由要求得到更高待遇的事例。如唐德宗时期的翰林学士姜公辅，曾经上书皇帝，以“母老家贫，以府掾俸给稍优”③ 的理由，希望能任京兆尹户曹参军的职位，而且德宗也予以委任；还有郑珣瑜，也以类似理由求得更高的官位。这在当时不仅不会被人耻笑，而且会成为佳话。

唐代政府通过以上的法律规定，把对老人的奉养义务以法律的形式固定下来，对保证子女对老人的赡养有积极的意义，同时对官员也提出了更高的要求。

---

① （宋）欧阳修、宋祁：《新唐书》，中华书局1975年版，第5024页。

② （唐）李林甫：《唐六典》卷三，中华书局1992年版。

③ （后晋）刘昫：《旧唐书》卷一百三十八《姜公辅传》，中华书局1975年版。

5.1.4 刑罚中对老人的优待

在刑罚之中优待老人也是中国传统的法律文化，早在《周礼》之中就提出了“三赦之法”，分别为赦幼、赦老和赦愚。受《周礼》的影响，唐律中对老人的刑罚也有诸多宽免。

（1）年老之人犯非死罪减轻处罚

年满七十岁的老人，犯流罪以下的，一般以收赎代替刑罚；如果是不能适用收赎的“加役流”“反逆缘坐之流”“遇赦仍流”之罪的，到流放地后，也享受免除其劳役的优待。

（2）八十岁以上的老人犯死罪可上请

年满八十岁的老人，犯反、逆、杀人等“应死之罪”的，需要奏请皇帝处理。而一般上报到皇帝处的案件，都会获得一定的宽宥。

（3）九十岁以上的老人犯死罪不处刑

九十岁以上的老人被称为高年老人，即使犯死罪，也不处刑。疏议曰：“礼云：‘九十曰耄……虽有死罪不加刑’，爱幼养老之义也。”①

从以上法律规定可以看出，唐代对老年人犯罪后根据年龄的不同予以不同的宽免，一方面是中国传统的国情所致，另一方面也体现了统治者对老年人的优恤，起到宣扬德治、宣扬孝道，维护统治的作用。

5.2 对残疾人救济的法律制度

5.2.1 残疾的标准及法律规定

中国古代很早以前对残疾现象就有一定认识了，可以说人类发展的历

---

①（唐）长孙无忌《唐律疏议》，岳纯之点校，上海古籍出版社2013年版，第65页。

史伴随着对残疾认知的不断完善。在殷墟发现的甲骨中，上面的刻字就有“疾耳”“疾身”的记载，虽然甲骨主要是用于占卜的，但也反映出当时的社会已经开始逐渐认识到残疾现象。在以后社会的不断发展和前进过程中，社会对残疾的认知也越来越深入，逐渐脱离了占卜、巫术。到《黄帝内经》问世，可以说古代医学已经达到了一个新高度，开始走上科学化的道路。

唐代关于残疾的认识到了一个新的高度，开始将残疾人按照肢体残疾、视力和听力残疾、精神及智力残疾进行分类，并且按照其轻重程度分为了残疾、废疾、笃疾三类，统称“三疾”。其中残疾最轻，废疾较重，而笃疾最重（鉴于唐律中的“残疾”和今天的残疾概念有所不同，类似今天的轻度伤残，所以本书中将唐代各种残疾统称为“疾”，而残疾人统称为“疾人”）。这个分类中不仅包括了先天的疾病，还包括了后天因各种原因的致残，并在法律中给予一定的照顾。仁井田升在《唐令拾遗》中介绍了唐代对残疾人的划分标准，其中残疾为“一目盲、两耳聋、手无二指、足无三指、手足无大拇指、秃疮无发、久漏下重、大瘿瘇”，包括了一只眼瞎、两耳失聪、双手缺两根手指、双脚缺三根脚趾、手脚上少大拇指、头上有疮没有头发以及久漏下重、大瘿瘇八种情形之中的任何一种；废疾为“痴痖、侏儒、腰脊折、一肢废”，四种情况之一就构成废疾，比残疾更重；最重的笃疾为“恶疾、癫狂、两肢废、两目盲”四种情况之一。也就是瞎一只眼属于残疾，一条腿不能正常行走则属于废疾，相比残障级别高一些；如果两眼都瞎或者两腿都废则属于疾的最高级别笃疾。这个分类被宋代沿用，在宋代的法典《庆元条法事类》《宋刑统》中都有类似的规定。直到清代这个标准才稍有变化，在《大清律例·名例律·老小废疾受赎》中将“瞎一目”从残疾之列调入废疾之列，除此之外基本未做改变。而且唐律中也考虑到残疾的等级变化情况，规定如果原来瞎了一只眼睛，后来又瞎一只眼的，由残疾变为笃疾；先折了一只脚，又折了另一只脚的，由废疾变为笃疾。① 可以看出立法者对疾的情况考虑周密、立法详尽。

---

① （唐）长孙无忌：《唐律疏议》，岳纯之点校，上海古籍出版社2013年版，第331页。

在吐鲁番阿斯塔纳出土的文书中有关于唐代士兵在出征途中发病、官府进行查看、验病、办理入疾手续的详细过程，文书名为《唐检兵孙海藏患状事》：

高昌县
孙海藏患风痫及冷漏状当残疾。太平乡主者，得上件人辞称：
先患风痫，坐底冷漏。昨为差波斯道行，行至蒲昌，数发动。检验
不堪将行，蒙营司放留。牒送柳中县安养，并给公验。营司后更牒
建忠鞠僧僧，患如得损，即令勒赴军所，追来相随。行至交河，患
犹未除，交河复已再检不堪前进，得留交河安养，并牒上大军知。
今有大军牒，具患状牒州，州符（下）县收役讫。今造手实，巡
儿侍（持）至，谨连营司（患）公验如前，并请检大军牒，患状
检验人疾请裁者，依次检营司牒，患状与孙藏状同者。又检波斯道
军司牒，得高通达辞称：　今知上件见患风痫及冷漏，不堪行动，
见留西州交河县将息，情愿替行者。依检交河县牒，患状与状同。
侍郎判：　依请，县宜准状者。又责保同乡勤（保）人张丑是等
五人，里正杜定护、医（风）（痫）（冷）（漏）有年
（下缺）

从这个文书中，可以看到高昌县一个叫孙海藏的人，在行军途中固疾“风痫、冷漏”发作，而“冷漏”是属于唐律中规定的“残疾”，无法继续跟随军队出征，经过军医的诊断，决定把孙留在当地柳中县养病，待好转再追赶军队，并给他出具了证明文件；可是孙在追赶军队路过交河县的时候疾病再次发作，交河县对孙进行了检查，认为他已经没有继续随军的能力，只能就地安养，并向军队出具了相关证明；军队又将此事向西州府

报告，由西州府给高昌县下文，经过询问当时孙海藏的保人张丑等五人，证明孙确实患病多年，后解除了孙的服役义务。

这个文书是我国迄今发现的最早的残疾鉴定文书，从中可以看出为了确认孙海藏是残疾人，涉及地方政府检验的公文，还要有五个保人、里正的证明，关键还要有医生的证明，均证明孙海藏患有风痫、冷漏多年，最后才判定孙海藏为残疾人，享受相应的免除兵役的待遇，又因为孙海藏当时是军人，还要有军队的批复文书。由此也可以看出唐代在残疾人认定方面具有一定的程序，法律规定较为完备。

5.2.2 对残疾人的救济制度

（1）笃疾者配给侍丁的法律规定

唐代开元二十五年的《户令》中有关于对残疾人给配侍丁的规定，笃疾给配侍丁一人，也即如果残废等级较轻的残疾和废疾是不配侍丁的；侍丁的选取规则和高年老人所配侍丁选取规则类似，“先尽子孙，次取近亲，皆先轻色。无近亲外取白丁者，人取家内中男者，并听”。[1] 从中可以看出侍丁的来源先是子孙，如果没有近亲子孙，可以从亲邻中选取男丁；而成为侍丁的男丁，也享有免除租役的优待。侍丁的年纪，有先中男后丁男的规定。同样是吐鲁番阿斯塔纳墓地所出土的文书《唐交河县亲侍、废疾等簿帐》[2] 中可以看到相关的侍丁的记载，文书中多处有交河县的印章，表明是公府的正式公文，最后是县主簿和县尉的签名。

---

① （唐）杜佑撰、王文锦等点校：《通典》卷七《食货》，中华书局1988年版，第155页。

② 中国文物研究所等：《吐鲁番出土文书》图录本（肆），文物出版社1996年版，第56页。

（一）

［前缺］

1 ▭ [illegible]印 ▭

2 『 同行 』

3 张尾奴母卫 垂拱二年帐 ▭

［后缺］

（二）

［前缺］

1 ▭ 年帐，男汉兴，卫士，亲侍，三年依旧侍。

2 ▭ ▭ □□□（依旧侍）

［后缺］

（三）

［前缺］

同行

1 索父师母李 垂拱二年帐，男父师，卫士，亲侍，三年□（侍）。

2 索行达母 垂拱二年帐，男行达，白丁，亲侍，三年□（侍）。

3 □ □（人）□（籍）□（漏） ［下残］

［后缺］

（四）

［前缺］

1 赵善 （彪） ▭

2 人 ▭

（五）

［前缺］

1 一人新貌入丁入废疾

2『同行』

康秃守

并同数行

3 都合新旧废疾廿二人在 主薄王侍诏 尉高玄逸

从第（一）片中的文字可以看出，张尾奴作为其母的侍丁，自垂拱二年开始应该是享受劳役减免；第（三）片中的索父师、索行达都是属于父母的侍丁，所以都有“亲侍”字样，其中索父师的身份为卫士，而索行达的身份属于白丁，他们都是从垂拱二年开始享受劳役减免，为期三年。可以看出唐代关于给笃疾陪侍丁的规定不仅在法律上，在实际中也有所落实。而且当地政府还制作了簿册，进行专门的记载，记载的时候会统计给侍人的身份、与侍丁的关系、给侍的时间。另外一些法律文书显示，虽然侍丁规定是男性为主，但是在男性不足的时候，也发生过由女性来担任的情况。第（五）片是统计新近被列入废疾的人，以及废疾的新旧总数。

（2）对疾人减免刑罚及免受连坐的法律规定

唐律在《名例律》中专门有“老小病残有犯之处置”条，是关于老、幼、病、残人犯罪减轻处罚的规定。其中关于残疾人犯罪按照残疾的不同程度分为两个等级做出不同的减轻处置，“……废疾，犯流罪以下，收赎。……笃疾，犯反、逆、杀人应死者，上请。盗及伤人者，亦收赎”。[①] 第一，废疾（及以上）级别的残疾人，犯流刑以下之罪（除加役流、反逆缘坐流、会赦犹流外），都可以用赎刑减免处罚。第二，笃疾级别的残疾人，犯谋反罪、谋大逆罪、杀人应处死之罪的，需要上奏皇帝，由皇帝进行处置。实际上在古代“上请”是一种一定级别的官员才享有的特权，有规定的使用情况，符合规定的只要“上请”必然会受到减免刑罚的优待，所以可以说在唐代笃疾之人是可以和官员一样享受减免刑罚的待遇。第三，笃疾之人如果犯了盗及伤人罪用赎刑，其余犯罪不论处。从此我们可以看出，唐代为区分人的刑事责任能力，除了通常的按照人的年龄区分之外，还考虑到病残程度。其中病残程度划分为残疾、废疾、笃疾三个等级，这三个等级是衡量伤残程度的档次，减免刑事责任只考虑废疾和笃疾两个档次，废疾之人等同于七十岁以上或十五岁以下的优待，笃疾之人等同于八十岁或以上十岁以下的优待。疏议之中对此的解释是“悼耄之人，皆少智

---

① 钱大群：《唐律疏议新注》，南京师范大学出版社2007年版，第128页。

力”，也就是认为其因身体病疾导致不具有完全刑事责任能力。

中国古代的犯罪往往会牵连家属，称之为“连坐”，特别是谋反、谋大逆的犯罪，往往会连坐九族。唐律的《贼盗律》中“谋反大逆”条规定：“诸谋反及大逆者，皆斩。”并且进一步规定行为人的父亲和十六岁以上的儿子都处绞刑；十五岁以下的儿子及行为人的母亲与女儿、妻妾、祖父与孙子、兄弟姐妹，部曲、财产、田宅都要没收归官，但同时也规定了对其中年龄满八十岁且为笃疾之人的男性、年满六十岁且为废疾之人的女性都免罚。同时在该篇“缘坐非同居”条注曰：“老、疾得免者，各准一子分法。”从这些规定中我们可以看到：如果至亲之人犯谋反、反逆等大罪受到牵连的，但是对废疾的女人和笃疾的男子可以网开一面，不予牵连。而且免除惩处后，在分割财产的时候，每人还可以按照一个儿子的份额进行财产分配。

同时，唐律还考虑到了在犯罪的时候身体健康，但是在犯罪后成为残疾的特殊情况，在《名例律》中的“老小病残情状之认定”条中规定：“诸犯罪时虽未老、疾，而事发时老、疾者，依老、疾论。”即犯罪时虽未进入老年或病残状态，而案发时进入老年或病残状态的以相应的老年或病残状态论处。疏议对此进一步细分，如果无病残时犯罪，但案发时已经是废疾级别，依照上一律条中对待废疾的“收赎”办法处理，如果行为人犯罪时为废疾，案发时到笃疾的级别，可适用对待笃疾的“上请”的规定。因为老年及病残疾人受不住刑罚，所以区分老幼病残档次逐级加以优待。并且疏议中进一步强调，一定要遵守有轻法依照轻法处理的原则，对于老年人及病残者不处流刑和徒刑；在案发后表现出的病残状态，判决的时候必须查清本来的实情，如果是案发前已经得病，到断罪时病已发作的，要同病残人一样对待，若案发时无病，判决时增添了疾病，查清楚故意所为，必须以犯罪时的实状处罚，案发时确实有了病残的，可以依照病残人法例处断。如果犯人在徒刑期内出现病残情况或病残情形加重的，“若在徒限内老、疾，亦如之”亦如此处理。由以上律文，我们可以看到，在唐代，在犯罪与案发的两个时段内，只要有一个时段进入疾的其中一级，就以所进入的一级来处置；在案发后判决作出前进入疾的状态的，经过核实之后也以对疾人的优待之法来处置。

除此之外，在唐律中还有对于疾人可以不施以刑讯逼供的优待之策。古代因为技术手段落后，审案过程中依赖当事人的口供，所以刑讯逼供在一定范围内是被允许的。《断狱律》“八议请减老小”条规定：“诸应议、请、减，若年七十以上，十五以下及废疾者，并不合拷讯，皆据众证定罪，违者以故失论。”①也就是对废疾者（及以上）不能进行刑讯，而是由三位以上的证人作证定罪，违者以故意或者过失出入人罪论处。

总体来说，唐代对疾人犯罪的规定考虑得很详尽，既有事前入疾的法律规定，也有事后入疾的法律规定，并且体现了恤刑的精神和有利于受刑人的原则。究其原因，除了传统的儒家仁政外，还有就是疾人总体上对统治阶级的危害较小。

（3）对疾人在赋役方面给予一定的优恤

虽然是疾人，唐代依然给予一定的土地配给，使得他们能够在一定程度上自食其力，满足基本的生存需要。《唐令拾遗》的“武德”令规定：“诸丁男、中男给田一顷，笃疾、废疾给四十亩，寡妻妾三十亩，若为户者加二十亩。”② 即普通男子受田一顷，而废疾和笃疾男子受田是四十亩，如果是户主，再加二十亩地；但在《唐六典》中记载有所改变，“凡给田之制有差丁男、中男以一顷；老男、驾疾、废疾以四十亩；寡妻妾以三十亩，若为户者则减丁之半”，不当户的废疾和残疾男子受田仍为四十亩，而当户的则变为五十亩，应该是在不同时期，法律规定也有所不同的缘故。但同时期均未有对残疾之人有受田的规定，应是残疾之人属于疾中最轻的情况，可以等同于正常男子来受田。

在分配田地后，对疾人有免除丁役、废疾者不承担徒役的优待。唐律中对残疾之人有“免丁役，亦非兼丁之限”，可以看出残疾之人都免除丁役。《职制律》“役使所监临”条疏议：“……废疾，既不任徒役，……”的规定，实际上是对废疾（及以上）之人，其徒刑和苦役都予以免除。另外

① （唐）长孙无忌《唐律疏议》，岳纯之点校，上海古籍出版社2013年版。

② 仁井田升著，栗劲等编议：《唐令拾遗》卷《田令》，长春出版社1989年版，第540页。

朝廷还会临时下诏减免残疾的差役。肃宗《乾元元年南郊赦文》云："其庸丁残疾人等，不须更差。"[①] 也正是因为疾人所受到的优恤政策，所以必然会出现有人假冒疾人来逃避赋役，针对这种情况，唐律对冒充疾人的："诸诈疾病有所避者，杖一百。若故自伤残者，徒一年半。"[②] 如果有故意自致伤残的，处以一年半的徒刑；如果是受雇于人或被请求而替人实施伤残的，与自作伤残者同罪，都处以徒刑一年半。在具体执行措施上，规定了由地方官员进行相貌审阅的具体制度，县令需要亲自对民户申报的重要事项逐一核实，尤其涉及减免赋役、免除兵役的，要求对所管辖范围之内的各家各户根据其资产的多少，划分为九等，三年重新划分一次，记入籍账，同时特别强调对于三疾（残疾、废疾、笃疾）情形的，要求官员"亲自注定"。[③] 公元694年，武则天也曾下旨，要求对计入籍账的免除课役及给侍之人，县官要亲自貌阅，确定相貌之后，不得换人享受福利，"疑有奸欺者，听随事貌定，以付手实"，[④] 也就是地方官除了正常的相貌审阅之外，对"奸欺者"可以"随事貌定"。唐代吐鲁番出土的文书中有一件是关于交河县要盐城的有关人等在指定的时间由地方官进行相貌审阅的帖文，比较详细地记述了要求八十个人在指定日期接受相貌审阅的事情。[⑤] 可见当时制度的严谨，可以说是刚柔并济，法网严密。

唐代对残疾人除了以上三方面的救济之外，还经常在一些特定场合或者特定时期如出游、改元、立太子对疾人特别是笃疾之人进行赏赐。比如唐太宗在贞观四年的时候于陇州、贞观十三年的时候对笃疾之人"赐物各有差"；武则天和唐肃宗也对笃疾之人有赐物赈恤的记录。纵观新旧唐书可以发现，对疾人的赈恤多以布帛粮食为主，而且往往和老者及鳏寡孤独一起进行食物救济，以达到维持基本的生活需要以及满足社会稳定的需要。

---

① （清）董诰：《全唐文》卷四十五，中华书局2005年版，第496页。

② （唐）长孙无忌：《唐律疏议》，岳纯之点校，上海古籍出版社2013年版，第404页。

③ （唐）李林甫等：《唐六典》，中华书局1992年版，第753页。

④ （宋）王溥撰《唐会要》，上海古籍出版社1991年版，第1843页。

⑤ 吐鲁番出土的文书《唐开元年间西州交河县帖盐城为令入乡巡貌事》。

5.2.3　对冒充疾人的处罚

因为法律上所规定的对疾人的减免赋役、刑罚宽免、受田等方面的优待，因此伪冒疾人的现象也时有所见。唐代政府对此颇为重视，规定制造户籍账簿时，要严加核查，并且每三年重新审定户籍账簿，对于新入籍的人需要县令亲自进行貌阅并且特别注明其残废程度。这种情况在敦煌出土的文书之中多有所见，如在《唐天宝十年敦煌县差科簿》《大历七年沙州敦煌县差科簿 》《开元四年敦煌县慈惠乡籍》等文书中均在入籍人员的名字右侧出现了残疾、废疾、笃疾等字样的注明；另外在《户婚律》之中对“脱户、脱口及增减年状”条中规定，对漏登人口及增减人口年纪及身体情况（指疾病，老、中、小之类的情况）以求免除课征徭役，一口处以徒刑一年，二口加重一等，最高处以徒刑三年。① 其中就包括虚报身体情况，从无疾者变成有疾者、从残疾级别变成废疾级别、从废疾级别进入笃疾级别，以获得更高级别的救济。如废疾级别只是免除课征徭役，而笃疾则可获侍奉的名额，这种情况可处以“罪止徒三年”，最高徒刑三年的惩处。在《诈伪律》中也规定，“诈疾病，以避使役、求假之类”处杖打一百，如果是故意自致伤残的处徒刑一年半，而且不论是否有所求避，其处罚程度是一样的；如果是无所求避，而故意自制伤害程度未达到残疾级以上级别的，处罚会有所减轻。

除此之外，婚姻缔结的过程中，唐代法律也要求如实告知己方身体的残疾程度，保护婚姻双方的知情权，如果一方有身体残病情况，必须在婚约之中予以注明。《户婚律》中明确规定：“诸许嫁女，已报婚书及有私约，而辄悔者杖六十。”② 其中的“私约”指的是预先已经知道丈夫本人年岁、病残程度、领养或庶出之类的情况是不允许悔婚的。反之，如果事先一方有所隐瞒未如实告知残病情况，另一方是有权悔婚而不受法律惩处的。

---

① 钱大群：《唐律疏议新注》，南京师范大学出版社 2007 年版，第 391 页。

② 钱大群：《唐律疏议新注》，南京师范大学出版社 2007 年版，第 432 页。

5.3 对妇女的救济

妇女和男子由于生理结构上的差异，在体力方面处于劣势，由此受到唐代国家在刑罚及赋税方面的救济，并且在婚姻方面有比前朝更多的救济性政策。总体来说唐代思想开化，妇女受到的礼教约束较少，社会地位总体较高，不仅相比秦汉时期高出很多，后世宋、明、清与之亦无法相较，尤其是唐代出的女皇武则天以其自身的形象宣告了唐代妇女的地位处于中国古代历史的顶峰。

5.3.1 法律对丈夫任意出妻和重婚的处罚

在婚姻制度方面，唐代在沿袭前朝法制的基础上有所发展。唐代涉及婚姻方面的法律规定有二十一条，相关法制都带有和当时时代相符合的宗法性以及以父权为中心的特征，但也对妇女进行了一定的保护。首先是男女在婚姻关系成立后，男子不能随便休妻，按照当时的法律，离婚包括三种情况，一是丈夫单方面休妻，需要符合“七出”之条，包括“无子、淫逸、盗窃、妒忌、不事舅姑、口舌恶疾”七种情形，妻子如果符合其中任何一种情况，丈夫是有权休妻的。二是和离，相当于今天的协议离婚，此种情况不在本书的讨论范围之内。三是义绝，取“恩义断绝”之义。疏议中对“义绝”列举了四种具体情状，其一是丈夫殴打妻子的祖父母、父母及杀害妻子的外祖父母、伯叔父母、兄弟、姑、姐妹；其二是夫妻的祖父母、父母、外祖父母、伯叔父母、兄弟、姑、姐妹自己相互伤害；其三是妻子打骂丈夫的祖父母、父母，杀伤丈夫的外祖父母、伯叔父母、兄弟、姑、姐妹，以及与丈夫的缌麻以上亲属或丈夫与妻子的母亲相奸；其四是妻子要害丈夫的。义绝相当于今天强制离婚，夫妻间是否“义绝”是由官府来判断的，与夫妻之间的感情是否破裂无关，一旦被认定为义绝，不离婚会被处以“徒一年”的处罚。

在符合“七出”的情况下，出妻还要受到“三不去”的限制，唐律云：“虽犯七出，有三不去，而出之者，杖一百。追还合。若犯恶疾及奸者，不用此律。”疏议对“三不去”的解释是“一经持舅姑之丧，二娶时贱后贵，三有所受无所归”，① 也就是如果出现妻子曾为公婆服过丧、丈夫娶妻时贫贱后来富贵、已无娘家可回这三种情况之一，丈夫是不能出妻的，但是“七出”中的“恶疾、奸”不受此限。虽然“七出、三不去”是在西周时期确立的制度，但在法律条文中出现，是从唐律开始的。

在旧唐书中有这样一个案例：建妻李氏，恒帅宝臣女也，建恶，将弃之，乃诬与傭教生邢士伦奸通。建召士伦榜杀之，因逐其妻。士伦母闻，不胜其痛，卒。李氏奏请按劾，诏令三司吉之。李氏及奴婢款证，被诬颇明白，建方自首伏。令狐建因为厌恶妻子想休妻，所以诬陷妻子李氏有与人通奸的行为，后来李氏通过奏请按劾，为自己洗清了冤情。从此可以看出在唐代妇女可以凭借法律的力量保护自己，而且社会对当时男性的出妻行为也是有各种限制，不能任意出妻的。

丈夫的任意出妻包括两种情况：一是妻子没有“七出”之条以及“义绝”之状而被出，这种情况丈夫是要受到“徒一年半”的处罚；二是妻犯除“恶疾及奸”以外的“七出”，有“三不去”而出之，这种情况唐律规定是对丈夫“杖一百”，并“追还合”，即恢复夫妻关系。这在一定程度上维护了妻子在婚姻中的合法地位。此外，唐律中还有对于丈夫重婚的惩处条文，“诸有妻更娶妻者，徒一年；女家，减一等。若欺妄而娶者，徒一年半；女家不坐。各离之”②，这有利于维护妻子在婚姻中的法律地位。依《礼记》所言，“日见于甲，月见于庚，象夫妇之义”，即太阳升起于东方，月亮升起于西天，象征夫与妇的道理，古代妻子在家中的地位十分重要，丈夫相当于太阳，妻子就相当于月亮，都强调只有一个，作用各有不同。法律上强调妻子的地位和重要性，但同时并不排斥男方纳妾的行为。立法

① 钱大群：《唐律疏议新注》，南京师范大学出版社2007年版，第453页。
② （唐）长孙无忌《唐律疏议》，岳纯之点校，上海古籍出版社2013年版，第214页。

上主要是维护妻不并存的原则，因此对于丈夫重婚的现象，处徒刑一年，女方减一等处罚；如果是男方欺骗女方而重婚的，处徒刑一年半，女方不处罚，并要求双方离异。

5.3.2 对妇女离婚和再嫁权利的保障

（1）妇女拥有一定的离婚权利

中国古代在儒家思想占主导地位的朝代，往往对妇女离婚的限制条件较多，如隋朝文帝曾下旨要求九品官以上的妻子及五品官以上的妾，“夫亡不得改嫁”。但唐代并非如此，相比其他朝代，唐代对女子离婚条件限制较少。在《户婚律》规定的离婚方式中，首次出现了“和离”的形式，即“夫妻不相安谐”①，彼此感情不和，双方愿离的，这种情况唐律允许离婚而不受处罚，相当于今天的协议离婚。和离的规定是在唐律之中首次以法律条文形式出现的，之前中国古代的离婚一般来说都是男方以“七出”的理由强制单方面休妻，而“和离”的出现在一定程度上提高了妇女的社会地位，使得妇女获得了一定的离婚主动权。在敦煌出土的唐代文书中关于婚姻离异文书——《放妻书》共有十二件，有七件属于和离的情况，②可以看出在唐代离婚中“和离”占了较高的比例。其中提到的离异原因都是“夫妻不相安谐”，并且有一定的不良后果，离婚的形式是双方自愿离婚，有些文书中还提到请“两家父母，六亲眷属”作证，立下放妻书，并在放妻书中进行了一定的财产分配，同时声明离婚后任由妻子改嫁。在放妻书中丈夫的语气轻松，多有对妻子的祝福之词，如著名的“一别两宽，各生欢喜”之句，即出自其中。③ 由此可以看出唐代社会妇女地位相对较高，注重夫妻的感情，对离异再嫁态度宽容，并且受到法律的保护，与唐

---

① （唐）长孙无忌《唐律疏议》，岳纯之点校，上海古籍出版社2013年版，第224页。

② 陈得胜：“近百年来敦煌出土放妻书研究述评”，《法制博览》2014年第7期，第95—96页。

③ 唐耕耦、陆宏基：《敦煌社会经济文献真迹释录》第2辑，全国图书馆文献缩微复印中心1990年版，第161页。

代开放包容的社会环境相一致。

(2) 保障寡妇再婚自由的权利

首先唐律保护寡妇再婚的权利。贞观年间唐太宗就发布诏令要求不得干涉寡妇再嫁，但同时如果寡妇有子，自己不愿再嫁的，也不得勉强，体现了对寡妇再嫁的尊重并给予了一定的自由空间。有学者统计，从唐高宗开始到唐朝中期，有公主二百多人，其中丈夫死后再次结婚的有二十五人，最著名的是安乐公主在嫁给武崇训守寡后又嫁给其胞弟武延秀。① 公主已然如此，平民寡妇再嫁亦不足为奇，由此可见唐代对寡妇再嫁是持非常宽容的态度。

但同时唐律严禁强迫寡妇改嫁，维护了寡妇的婚嫁自由，"诸夫丧服除而欲守志，非女之祖父母、父母而强嫁之者，徒一年期亲嫁者，减二等。各离之。女追归前家，娶者不坐"。② 寡妇如果在丈夫丧满除服后守志不嫁，只有其祖父母、父母可强令其嫁人，其他亲属包括夫家人强迫其嫁人的，处杖打九十。律条保障了寡妇的父亲和祖父的强嫁权，但同时排斥其他亲属，包括夫家亲属的强嫁，总体上衡量还是有利于寡妇的利益，尤其防止了夫家亲属为强占财产而强嫁寡妇的事件发生。

5.3.3 妇女的财产继承权

中国古代的女子财产继承经历了一个漫长的过程，商代后期已经开始出现嫡长子继承制，到西周时期正式确立，秦汉开始财产继承主要是诸子均分。唐代以前女子的继承权在法律上没有明确的规定，但并不意味着女子是没有继承财产的可能。根据当时的社会风俗，女子出嫁时可以从父母处得到一份嫁奁，而如果女子尚未出嫁即父母双亡，她至少可以继承相当于其嫁奁的家产，这应该是后世朝代律法所产生的基础。

---

① 黄兆宏等："从离婚再嫁看唐代妇女的社会地位"，《兰州大学学报（社科版）》2013年第5期，第18—23页。

② （唐）长孙无忌：《唐律疏议》，岳纯之点校，上海古籍出版社2013年版，第221页。

（1）妇女对娘家财产的继承权

唐代妇女对娘家财产的通常继承方式如上文所提，或以嫁奁的方式取得，或在父母去世后以继承的方式取得，数额相对较少；特殊的继承方式为娘家“户绝”时的财产继承。“户绝”即无男性子嗣之户，这不仅意味着一个家庭的父系基因传承的灭绝，而且意味着一个作为“户”的纳税单位的消失。对于户绝家庭财产的女性继承权，是从唐代开始写入法律中，有了一定的法律依据的。《唐令拾遗》中对户绝财产的分配是这样规定的，其资产范围是该家庭所有的部曲、奴婢、资财、店宅，法定继承顺序是女儿、近亲、官府；如果有遗嘱的，按遗嘱进行分配，如果没有女儿的，财产则归其父系近亲；没有近亲的则财产归官府所有。从此条规定来看无子的户绝之家，不论其女儿是否出嫁，都享有财产继承权。在《全唐文》中不乏相应的案例，证明该条法律在生活中得到实施。洛阳人任兰没有儿子，唯一的女儿嫁给郭恭为妻，任兰死后县令以其女儿出嫁为由将其一处住宅分给任兰同乡晁谚，郭恭不服提起诉讼，在一审败诉后又向州衙上诉，州衙将财产改判给任兰之女。判词中有“令式有文，章程宜据”① 的文字，表明其判决是依据法律作出的，可以看到在唐代出嫁女对户绝财产的继承权得到了法律的保障。值得注意的是，唐代法律对户绝家庭财产的女子继承，并未因女子是否出嫁而有所区别对待，这和宋代的法律形成了鲜明对比，宋代时只有未嫁女才能继承户绝家庭的全部财产，而出嫁女只能继承财产的三分之一。相比较而言，唐代的法律规定更符合现代观念。

（2）对夫家财产的继承权

妇女对夫家财产的继承前提条件是不改嫁，也即丈夫去世后如果妻子改嫁是继承不到夫家的财产的。《户令》中：“寡妻无男者，承夫分。”也就是在丈夫死后没有儿子继承的情况下，未改嫁的妻子可以继承丈夫的全部财产；《户令》中接着规定，如果丈夫的兄弟都去世了，寡妻也可以参与财产继承，得到相当于一个儿子的遗产份额。吐鲁番出土的《高昌延寿

---

① 李昉等：《文苑英华》，中华书局1966年版。

四年参军汜显祐遗言文书》，是地方官吏汜显祐所立的对自己死后财产分配的遗嘱，涉及的继承人包括阿夷（汜显祐的小妾）、师女、俗人女、女孙四人，全部为女性，基本可以判定是"户绝"之家，遗言文书中未注明女性继承人是否出嫁，可见其身份对遗产继承没有影响，遗言文书中汜显祐给他的小妾留了一间房屋，要求不论小妾是否居住都不得出租该房屋，但同时声明"阿夷身不出，养生用具是阿夷勿。若阿夷出趣余人去，养生用具尽口口"，[①] 设定了如果小妾改嫁则房屋收回的条件。在保障其小妾生活的同时也防止了自家财产的流失。

5.3.4　对妇女赋役的减免

在魏晋南北朝的北周时期，已婚妇女是可以受田的，受田数是成年男子的一半，但是在以家庭为单位的税收中，则要缴纳成年男子两倍的赋税，所以当时有"籍多无妻"的记载。到隋炀帝大业年间，曾经一度废止了对妇女的课役负担，到唐代，妇女不服课役之法被固定下来。在均田制下，普通妇女是不受田的，也不负担赋税，避免了遭受赋税的剥削，另外妇女也不承担力役。如果地方官吏擅自征召妇女承担力役，是要受到法律的惩处的。

5.3.5　刑罚制度对妇女的宽宥

唐律在刑罚制度上对妇女的宽宥主要表现在：一是受牵连的缩小化处理，在唐朝犯谋反以及谋大逆的罪犯，是要牵连到其家庭成员的，"诸谋反及大逆者，皆斩……十五以下及母女、妻妾、祖孙、兄弟姊妹若部曲、资财、田宅，并没官"，[②] 但家里六十以上的妇女可以免受牵连。二是在服

---

① 国家文物事业管理局古文献研究室等编：《吐鲁番出土文书》第 5 册，文物出版社 1990 年版，第 70 页。

② （唐）长孙无忌《唐律疏议》，岳纯之点校，上海古籍出版社 2013 年版，第 270 页。

刑方面的优待，主要体现在妇女犯死罪不上杻具，如果是孕妇的话只是将其散禁，《唐令拾遗》中有："诸禁囚，死罪枷扭，妇人及流罪以下去扭，其杖罪散禁。"《唐六典·刑部郎中员外郎》亦曰"凡死罪枷而扭，妇人及徒、流枷而不扭。……怀孕之类，虽犯死罪，亦散禁"。《唐六典》中也有"妇人及徒、流枷而不扭"的记载。在流罪的处理上，对妇女也是有一定的照顾，唐代的加役流，是死罪的替代刑，所以对男犯即使是老病之人也不允许用铜收赎的，因为这种处刑主要是针对犯反逆之人的至亲，福祸本应共担，也是为了对犯罪之人造成心理上的打击。但对女性犯人，唐律允许用一百斤铜来赎罪，免受流放以及服苦役之苦。

5.3.6 对性侵妇女的严厉处罚

《唐律疏议·杂律·奸徒一年半》中规定"……，奸他人部曲妻，杂户、官户妇女者，杖一百。强者，各加一等。折伤者，各加斗折伤罪一等"。[①] 对于强奸，是比照通奸罪加一等处理的，如果强奸造成伤害，其标准是致人折断一颗牙齿或是折断一根手脚指头以上的伤情，则"比斗殴致折齿以上之伤罪加重一等处理"。除此之外，在《唐律疏议》的杂律中还有专门的法条规定对于"奸缌麻亲及妻""奴奸良人"的侵犯女性的行为给予最高至绞刑的严厉处罚。尤其值得注意的是，唐律中规定的"监主于监守内奸"，针对官员作为特殊犯罪主体，利用职权在其监守范围内侵犯妇女的，"诸监临、主守于所监守内奸者（谓犯良人），加奸罪一等"[②]，从法律上对侵犯妇女的行为进行打击，维护了妇女的合法权益。

---

① （唐）长孙无忌《唐律疏议》，岳纯之点校，上海古籍出版社2013年版，第421页。

② （唐）长孙无忌《唐律疏议》，岳纯之点校，上海古籍出版社2013年版，第424页。

5.4　本章小结

弱势群体是指在体力或智力上存在缺陷，其生存能力受到限制的人群。对社会弱势群体的救济，在我国有着悠久的历史。原始社会的时候，所有的世族成员大家共同劳动，按需分配劳动产品，作为弱势群体的氏族成员会得到特殊的照顾。这一惯例在历经了奴隶社会、秦汉封建社会，到唐代，在统治者注重德治，提倡德主刑辅的治国思想下进一步发扬，实行了一系列对弱势群体的救济法律制度，包括税赋上的减免、刑罚上的宽宥、生活上的照顾，以及对伤害弱势群体的人加重处罚，其实质是人道主义。虽然“人道主义”这个词是中世纪欧洲文艺复兴时期才出现的，但其尊重人、关心人、以人为本的精神在中国一直存在，并在几千年前的中国唐代已经通过法律的形式体现出来。

第 6 章

唐代对特定人群的救济法律制度

6.1　对官员的救济制度

唐代根据官员的职位不同，会有不同数量的田地、米、金钱的分配，作为其法定的俸禄，比起普通老百姓已经优越很多。而对官员的救济主要是对身处贫困境或疾病状态，以及普遍存在的医疗、丧葬等问题的官员进行救恤。唐代官员收入由职田、禄米和俸钱三部分构成，但如果碰到疾病、异地调动、家族拖累以及政府缩减俸禄等事情，也会处于需要一定的社会救济的状态。如杜牧在《为堂兄慥求澧州启》一文中称其曾任京兆府长安县县令堂兄杜慥“绝俸累年”，还有很多人仰仗其生存，导致一天只食一餐。

6.1.1　对贫困官员的救济制度

（1）对低职官员的特别救济

唐代的贫困官员主要集中在低职官员部分。唐前期的时候重内官而轻外官，俸禄也是外官少而内官多，京官和地方官之间存在着较大的差距。这种情况到开元天宝年间时开始转变，安史之乱后更是薄京官而厚外官。在贞观八年的时候，唐太宗针对外官的情况下旨“出使官禀食其家”，而且对于新任的外官，“准品计日给粮”，以解决他们的生活困难；到贞观十一年，对在京城之外的文武官员，按照在京官员的俸禄降一等给禄，一年给两次。到武则天光宅元年，对俸禄较少的八、九品京官进行了一定的救济，给八品官员每人每年仆人三人，九品官员二人。

除了一般的救济之外，唐代对特别贫困的官吏还进行一定的赏赐，如贞观二年的时候，尚书戴胄因家里贫困，唐太宗赐予了十万钱以救济；开元时期的薛登，也因家里贫困受到朝廷特别赏赐；唐文宗时的王起，曾任太子少师，也是因为家贫及自己不善管家，受到皇帝的特赐。虽然这种对贫困官员的赏赐，范围很小，程度有限，但也不失为一种救济方法。

（2）官员俸禄挪用后的回还

唐代中后期战争频发、军费开支庞大，常常有挪用官员俸禄充作军费的提议。如武则天时的宰相豆卢钦望在长寿三年的时候就曾提出将所有京官的两个月俸禄充作军饷但被否决；安史之乱后因国库空虚，从唐肃宗开始挪用官员俸禄的事时有发生，唐代宗广德二年间，曾将百官的职田租减半以补军粮；大历二年的时候将各级官员的职田租抽取三分之一充军粮，即“一分充军粮，二分给本官”；[①]唐德宗也曾在建中三年，减百官月俸的三分之一助军。但同时政府也意识到挪用官员的俸禄只能是不得已而为之，因此在挪用官员俸禄之后积极进行恢复补给，唐肃宗在抽取官俸时也同时承诺了归还的时间，“正月一日后，给一半”，而且“事平之后，当续支还”。[②] 乾元元年的时候，由于财政紧张，京官未发俸禄，肃宗下旨：“京官无俸料，……将何以堪？急在军戎，久亏禄俸，……常愧于怀。”表达了愧疚之意并在不久之后补上了所挪用的俸禄。唐代宗大历十二年也将挪用的官员俸禄发还。唐德宗在遭遇“泾师之变”避难奉天时期未给官员发放俸禄，避难结束后即下旨“京百官及畿内官俸料，准元数支给”。[③] 唐穆宗和唐文宗主政期间均有类似的事情发生，一方面说明当时唐朝的国力已经大不如前期，财政困难已经到了挪用官员俸禄的境地，另一方面也说明统治者对于官员的生活保障的重视，在挪用俸禄之后也是尽快回还。

（3）允许贫困官员改官

贫困官员改官指改任到俸禄较高的地方或者职位，这是当时对贫困官员进行救济的一种非常重要的模式，比起皇上的特别赏赐来说覆盖面要广得多。在唐代前期的时候，因为国力强盛，所以官员大多愿意在京为官，不愿外放。但安史之乱后，因为国力转弱，使得唐代的官员俸禄受到影响，而地方州县官员由于有一些“留州”的税收，以及可以征收补给的权力，出现了京官收入低于外官的情况，因此官员也倾向到京城之外任职。

---

① （宋）王溥：《唐会要》卷九二，中华书局1955年版，第1670页。

② （宋）王溥：《唐会要》卷九十，中华书局1955年版，第1649页。

③ （宋）王溥：《唐会要》卷九一，中华书局1955年版，第1660页。

杜牧当时曾要求去杭州任刺史时曰：“杭州户十万……而有厚禄。”① 白居易也曾经说过：“兵兴以来，诸道使府，或因权宜而置职，一置而不停……至使职多于郡县之吏，俸于台省之官。”② 可以看出在中晚唐时期外官的待遇是好于京官的，于是出现了京官谋求外官之职甚至有京官被外贬到地方任职不忧反喜的情况发生。

对于官员因贫困而谋求外任的情况，当时的唐政府是给予许可甚至支持的。天宝年间的高第，曾经因家贫而要求外放，历任同州刺史和润州刺史。而长庆元年后的工部尚书郑权，也曾以“家人数多，俸入不足，求为镇守。旬月，检校右仆射、广州刺史、岭南节度使”③。在史书记载中，唐穆宗时期的薛放，已经位居礼部尚书，“放闺门之内，尤推孝睦，孤孀百口，家贫每不给赡，常苦俸薄。放因召对，恳求外任”④。晚唐时期的郑綮，都曾以同样的理由成功外放。

6.1.2　对患病官员的救济制度

唐代对患病官员给以特别俸料以进行养病。据记载在元和十二年的时候，唐宪宗就因当时的工部尚书邢士美患病而让他在东都休息，待病好后再赴京上任，“其料钱准上官例，令有司支给”。唐穆宗也曾经为当时的司徒兼中书令韩宏因病不能上朝需要在家将息，而下旨特支料钱。唐文宗时期的司徒兼中书令裴度，也在其生病期间，受到特别俸料的救济，“比缘疾恙，仍未谢上，须加优异，用示恩荣，其本官俸料，所司起今日支给”。

除了特别俸料之外，唐政府还给患病的官员一定的带薪假期，“诸职事官，身有疾病满百日，若所亲疾病满二百日，及当侍者，并解官，申省

---

① 《中国大百科全书·社会学卷》，中国大百科全书总编辑委员会《社会学》编辑委员会、中国大百科全书出版社编辑部编，北京中国大百科全书出版社1991年版。

② （唐）白居易：《白居易集》卷六十四，顾学颉校点，北京中华书局1955年版，第7805页。

③ （后晋）刘昫：《旧唐书》卷一百六十二，北京中华书局1975年版，第3446页。

④ （后晋）刘昫：《旧唐书》卷一百五十五，北京中华书局1975年版，第4127页。

以闻”。① 可以看出，当时的职事官患病，是有一百天的假期进行休养的，而其家人患病，则该官员有二百天的假期来照顾家人，如果超出这个时间，才需要解官。唐代因为实行的是官、职分离的制度，官员分为有实际职权的职事官和无实际职权、只享受俸禄和官职荣誉的散官两种，散官因为没有具体执掌事务所以不需要请假，所以诏谕只针对职事官。

除了享受特殊俸料之外，患病官员还会有赐药的救济。在《全唐文》中有许多大臣上书感谢皇帝赐药的表文，当然这种事情覆盖面稍小，只是皇恩浩荡的一个体现。

6.1.3 对死亡官吏的救济法律制度

因为唐代已有异地为官的要求，所以在官员客死他乡后，如果家人要求运送回乡，政府会提供运送的人力资源进行护送。在《唐律疏议》中有规定，“即卒官，家无手力不能胜致者，仰部送还乡，违而不送者，亦杖一百”。同时曰：“官人在任，以理身死，家道既贫，先无手力，不能自相运致以还故乡者，卒官之所，部送还乡。称‘部送’者，差人部领，递送还乡。依令去官家口累弱，尚得送还；况乃身亡，明须准给手力部送。违而不送者，亦杖一百。”② 这里主要指的是在任上自然死亡而非由于刑罪的官吏，不能依靠自家的力量运送而返回故乡，由死亡官吏的所在官署，派送回乡。

并且唐代在官员身故后，要按照一定的标准给予助葬，有专门的负责机构，在中央主要是由鸿卢寺下的司仪署负责，而地方是由功曹司的参军事来负责。对去世的官员，朝廷会按照官品不同，赐以不等的财物，称为“赙赠”。《大唐通典》中记载：“大唐制，诸职事官薨卒，文武一品，赙物二百段，粟二百石；二品物一百五十段，粟一百五十石；三品物百段，

---

① 仁井田陞著，栗劲等编议：《唐令拾遗》卷五十一，长春出版社1989年版，第293页。

② （唐）长孙无忌《唐律疏议》，岳纯之点校，上海古籍出版社2013年版，第419页。

粟百石；正四品物七十段，粟七十石；从四品物六十段，粟六十石；正五品物五十段，粟五十石；从五品物四十段，粟四十石；正六品物三十段；从六品物二十六段；正七品物二十二段；从七品物十八段；正八品物十六段；从八品物十四段；正九品物十二段；从九品物十段。（行若守从高）王及二王后若散官及以理去官三品以上，全给；五品以上，给半。若身没王事，并依职事品给。其别敕赐者，不在折限。诸赙物应两合给者，从多给。诸赙物及粟，皆出所在仓库。服终则不给。”对于各种官阶的官员的赙物都有相应的规定，而且遇到两种不同的规定的，“从多给”。

相比较而言，五品以上的高级官员所得的赙赠较多，除了赙物之外，还有包修造墓地的民工、祭吊者所需的衣、素等物，以及特赐的明器。除此之外，品阶高的官员还有一些额外的追封、立碑甚至建庙的待遇。如曾任唐太宗时期宰相的马周在其死后“赠幽州都督、陪葬昭陵”①；唐高宗时宰相张行成死后，“高宗哭之甚哀……赐内衣服，令尚宫宿于家，以视殡佥欠。赠开府仪同三司、并州都督，所司备礼册命，祭以少牢，赙绢布八百段，米粟八百石，……”②

在新疆阿斯塔那506号墓地出土的《唐大历七年马寺尼法慈为父张无价身死请给墓夫赙赠事碟》，就是官员张无价去世后，其女儿法慈向官府请求给予墓夫等赙赠，文书内容如下：

上缺

团图袋上柱圃张无价团廿七日不幸我是会觉得，身亡，为家贫孑然，其父限先团比日收将，在寺安养口

准式身死，合有墓夫、踌赠伏乞请处团多少，旧第人夫、葬送，贫尼女人，即得济办大历七年六月日百姓马寺尼法慈碟

从出土文书可以看出，在官员死后，需要死者家属向官府申请相关的赙赠和墓夫。

① （后晋）刘峋：《旧唐书》卷十二，北京中华书局1975年版，第346页。
② （后晋）刘峋：《旧唐书》卷十六，北京中华书局1975年版，第445页。

6.1.4 对官吏养老的救济制度

唐代对官吏的养老救济制度和官员的致仕制度是结合在一起的。古代官员因各种离开官位、退休称为“致仕”，即“致其所掌之事于君而告老”。《周礼·曲礼上》中有“大夫七十而致仕”的记载，《春秋公羊传》有“退而致仕”，何休注曰：“致仕，还禄位于君”，还有《左传》《国语》中关于诸侯国官员的致仕也屡有记载。致仕制度是维持国家机器正常运转以及进行吐故纳新的重要环节，开始于夏商时期，于秦汉逐渐形成一定的定例，官员在辞去官职后会获得一定经济及政治补助，以经济补助为主，但当时的相关制度未形成体系。直到隋唐时期，才建立起成体系的致仕制度，并有相关的法律规定，之后的宋明清等朝基本沿用唐代的致仕制度。

（1）唐代的致仕制度

唐令中有“诸职事官七十听致仕”① 的条文，但在实际操作中，往往因官员的年龄、身体状况、岗位是否能够离开等情况酌定，而非到龄即退。“年七十以上，应致仕，若齿力未衰，亦听厘务”“诸文武选人六品以下，有老病不堪公务，有劳考及勋绩情愿给阶授散官者，依；其五品以上，籍年虽少，形容衰老者，亦听致仕”。从以上可以看出在唐代要求官员七十岁退休，但是可以根据其具体情况提前或者推后时间；如果官员自己想退休，“若请致仕，五品以上表闻，六品以下申尚书省闻”，五品以上的官员是需要上书皇帝，即“表闻”，而六品以下的官员则只需“省闻”，即由尚书省办理相关手续。另外，因为疾病或者身体等原因，可以不受法律规定的年龄限制提前致仕。

（2）致仕待遇与养老

致仕的待遇其本质就是对官吏养老的保障。致仕待遇中最重要的一环就是给禄料，目的就在于“惠养老臣”。关于致仕后的待遇，在唐前期和中后期有所不同。唐前期的时候，是半禄制，主要覆盖原五品以上的官

---

① 杜佑：《通典》卷三十三，中华书局1988年版。

员，“大唐令，诸职事官年七十、五品以上致仕者，各给半禄”，可以看出当时的致仕待遇主要是针对年满七十岁的五品以上的职事官，给的待遇是原俸禄的一半，对于不符合条件的官员，在其退休后实际上是领四年的半禄，四年后和庶人相同。

这种状况直到公元750年发生改变。天宝九年的时候，唐玄宗下令："如闻六品以下致仕官，四载之后，准格并停。念其衰老，必藉安存，岂限高卑，而恩有差降。应六品以下致仕官，并终其余年，仍永为式”，也就是唐玄宗改变了原先致仕官员“恩有差降”的情况，把原先六品及以下官员退休后只能享受四年的半禄状态改为“终其余年”，并且要求一直沿用下去。但实际上到太和元年（公元827年），唐文宗刚即位就下旨，取消六品及以下官员的致仕资格，这样使得这部分官员一旦离开官位就和普通百姓一样，导致大量的中下级官员即使疾病、年迈也不愿退休，抱着“当一天和尚撞一天钟”的想法，必然行政效率低下，唐代后期政治经济的不断衰退，应该说和此有一定的关系。

纵观唐代的官员养老救济制度，五品及以上官员的养老因为国家对其退休待遇的保障，至少有在位一半的俸禄收入，应该说还是比较优渥的，但六品及以下的官员退休后，只在天宝九年（公元750年）到太和元年（公元827年）七八十年间有半禄的待遇，相对保障较少。

（3）官员养老的其他救济制度

除了以上所说，给致仕官员以俸禄保障其养老生活所需之外，对于照料的人员也有所规定，尤其是对一些在京的高级官员，如果其退休后，子弟在外地工作无法照料，可以将其在外地任职的子弟停官侍养，“致仕官子弟无京官者，其在外者，听一人停官侍养”，① 而且为保障侍养者的生活水平，还规定了“文武五品以上解官充侍者，宜准致仕例，每给以半禄，并赐赚帛”，② 给予停官侍养父母长辈的官员一定的生活保障。

对于致仕官员的子弟为官的情况，养老也适用《唐律疏议·免所居

---

① （宋）王溥：《唐会要》卷六十七，中华书局1955年版，第1174页。

② （宋）王钦若：《册府元龟》卷五〇五《俸禄一》，中华书局1988年版。

官》，和普通人子弟做官养老方式一样，具体内容见本书第 5 章“唐代对弱势群体的救济”之“有关子孙奉养老人的法律规定”。

6.2 对军人的救济法律制度

军人作为国家机器中的重要组成部分，对政权稳定至关重要，因此唐历代君主对军人的救济都非常重视，对从军将士、伤病阵亡将士以及其家属均有具体的救济制度。

唐代的兵制有府兵制和募兵制两种。唐初的兵制为府兵制，兵源是“六品以下子孙及白丁无职役者点充”“成丁而入，六十出役，其家不免征徭”，从中可以看出当时的军人主要来源于普通老百姓及下等官吏之家，而且从军之后本人的赋税徭役免除，其家人的征徭仍要缴纳。府兵制一直延续到武则天时期，后来因为唐代均田制的破坏，府兵制也随之失去存在基础。到唐玄宗时期开始实行募兵制，也就是国家出钱雇佣军人，“去给行赐，还给程粮”。①

6.2.1 伤病员的医疗救济制度

（1）军队内伤病员的医疗救济

唐代对伤病员的医疗救济制度在《唐律·杂律》之中有明确规定，兵士在镇守之处如生病，所辖的主管官员应为其报请医药救治，“主司不为请给医药救治者”，② 或虽然报请而主管医药的官吏不予理会，因而缺乏救治的，处主管医药的官吏笞打四十下；因不给医药救治致死的，责任者处徒刑一年。此条目的在于督促兵士所在部队的主管官员对有病的兵士进行

---

① 杜佑：《通典》卷三十五，中华书局 1988 年版。

② （唐）长孙无忌：《唐律疏议》，岳纯之点校，上海古籍出版社 2013 年版，第 413 页。

救治，也即在外执行任务的军人其医疗救济工作是由军队负责的，如果士兵发生需要医药救治的情况，主司需要向上级申请，否则最轻会受到笞刑四十下的惩处，如果因此造成士兵死亡的，主司会受到徒一年的惩处。

唐代地方军队的医药配置由仓曹负责，即“仓曹掌仪式、仓库、饮膳、医药……”① 军队中备有常用的药物，“人药，一分，三黄丸、水解散、疟痢药、金枪刀箭药等五十贴”。② 军队驻地还有医坊负责对受伤生病将士的救治，按照士兵的人数配置相应的医师，根据《唐令拾遗·医疾令》的记载，每五百将士配给医师一名。医师的主要职责是巡营开药，并在随同军队出征时检查患病士兵的病疾状况，对该救治而不救治士兵的医师，处以杖刑一百；如果出现活埋伤病士兵的情况，处以极刑。由此也能看出唐代政府高度重视对出征将士的伤病救护，并且做到了责任明确。

（2）对阵亡将士的救济

对于从军士兵因伤病而死亡的，唐政府要求将其遗体送还回乡。唐律规定了“从征身死因送还乡不送”的罪名，该条围绕《军防令》《丧葬令》《兵部式》等立法制定了相应的罪名及刑罚，如《军防令》中规定：应征上路的卫士以上的人死在军中，需详细登记随身携带的财物及尸体，交给同府的人送回，同府无人的交给附近的州县传送回乡。《丧葬令》中规定：出使人在出使地死亡，都给予安排殡殓的钱物，棺材传送到家。在《唐律·杂律》中规定，对于随军征战的兵士于所在地死亡的，依令应该送其遗体还乡的，如果是应该传送而不传送的，处杖一百。

另外，对于阵亡的将领按照死者的不同级别给予赙赠。在《兵部式》中规定，折冲都尉给赙赠三十段，果毅都尉给二十段，别将给十段，并且制灵车，传送回本府。副队长以上都给绢二匹，卫士给绢一匹，无论将领还是士兵都作殓衣、给棺材，并将骸骨递送回家，将领还造灵轝。递送阵亡将士骸骨还乡的责任，在唐代前期由节度使承担，唐玄宗天宝三年下

---

① （唐）李林甫：《唐六典》卷三十，陈仲夫点校，中华书局1992年版，第756页。

② （唐）李筌：《太白阴经全解》卷四，张文才、王陇译注，岳麓书社2004年版，第238页。

旨："有阵亡及在军亡殁、骸骨未还乡贯者，宜令节度使给官榇递归。"①唐代后期将此责任转交由所在州县政府承担，唐德宗在改年号兴元之元年的大赦文中："诸道将士有死王事者，各委所在州县，给递送归本管，官为葬祭。"② 对于因某些特殊原因未能递送还乡的骸骨，唐代政府也要求由专人负责，将骸骨递送还乡并由将士所在的州县政府帮助其殡埋。当然递送还乡骸骨的政策在实际执行过程之中也有所变通，如唐太宗在贞观十九年亲征高丽的时候，对阵亡的将士就要求先就地埋葬并立下标志物，待军队返回时再一并迁回乡；唐武宗在潞州平定之前规定将阵亡将士就地埋瘗并不许迁埋，平定之后方允许家人迁取骸骨，并要求所在州县做好配合接应的工作，对于无人迁取骸骨的，也要做好改葬工作。反映了唐代政府对阵亡将士埋瘗之事的重视。

6.2.2 受田优待制度

中国古代军人的俸禄制度是从商鞅变法时期开始确立的，实行二十等爵制，从一级到二十级，每级俸禄相差五十石粮，经历秦汉，军队均沿用此种实物俸禄制度。到隋唐时期，军人的俸禄制度产生了一定的变化，不仅有实物俸禄，而且按照职务分配一定的土地，分为职分田和永业田，其中职分田是军人退职的时候需要归还国家的土地，而永业田不需要归还。在开元年间，对武官一品到九品均有职分田十二顷到二顷，永业田六十顷到二顷规定的相应授田，如表 6－1 所示。

此外，对于九品之外的将士也有授田。《新唐书》记载：职分田还授予"三卫中郎将、上府折冲都尉六顷，中府五顷五十亩，下府三顷；上府长史、别将三顷，中府、下府二顷五十亩，亲王府典军五顷五十亩，副典军四顷；千牛备身左右、太子千牛备身三顷；折冲上府兵曹二顷，中府、下府一顷五十亩。外军校尉一顷二十亩，旅帅一顷，队正、副八十亩"。

---

① （宋）宋敏求：《唐大诏令集》卷七十四，商务印书馆 1959 年版，第 417 页。

② （宋）宋敏求：《唐大诏令集》卷五，商务印书馆 1959 年版，第 27 页。

表6-1　　唐代武官授田情况表①

武官品级	职分田（顷）	永业田（顷）
一品	12	60
二品	10	
三品	9	25
四品	7	12
五品	6	8
六品	4	2.5
七品	3.5	2.5
八品	2.5	2
九品	2	2

除此之外，永业田还授予上柱国三十顷，柱国二十五顷，上护军二十顷，护军十五顷，上轻车都尉十顷，轻车都尉七顷，上骑都尉六顷，骑都尉四顷，骁骑、飞骑尉八十亩，云骑、武骑尉六十亩。散官五品以上给同职事官。土地的授予，使得军人的收入大大增加，同时也为其家庭成员的生活提供了一定的保障。在均田制的背景下，士兵授田还有一定的优待，开元二十五年的《田令》中规定，士兵享有身分地，如果士兵因为国家之事而沦落在外藩之地，其身分地保留六年不追回；若追回身分地之后士兵又回归故里的，身分地再次划给士兵，显示了唐政府对各级将士的优待之意。

当然，法律的规定与实际的执行情况往往存在一定的偏差，从敦煌发现的唐代出土文书来看，到唐高宗咸亨时期，因年年征战，已经出现了应授田少于实际授田的情况，如《唐开元九年帐不后户籍残卷》中记载了一个叫曹仁备的将士，其应授田和实际授田的面积相差了三十余顷；又如《唐天宝六载敦煌郡敦煌县龙勒乡都乡里户籍残卷》中记载的叫程大忠的将士，其应授田与实际授田的面积也相差巨大。同时因将士长期离乡征战，缺少劳动力，出现耕田荒芜的情况。

① 《新唐书》卷五十五。

6.2.3 减免赋役制度

唐早期国力强盛，实行府兵制，对于服兵役的将士，免除其租庸调及徭役，并且能够分配到足够的永业田和口分田，府兵本人也能够直接免除租庸调，因此经济上比较宽裕。对此《唐会要》中有“人丁戍边者，蠲其租庸”的规定记载。应征的兵士年龄从成丁到六十岁退役，而六十岁之后也到了蠲免的年龄，基本上一生不必负担赋役。如果未到六十岁即退役，则仍然需要承担赋役，但会有一定的优待措施。《通典·食货典六》中记载，八等以下的卫士年满五十八即可退役，同时免去庸调，即只需要纳租即可。在敦煌文书《开元一年沙州敦煌县悬泉乡籍》中记载，户主赵玄表是卫士退役，时年五十八岁，又开始纳租。此外，建立了军功将士还可以额外获得赋役的减免，同样是在阿斯塔纳出土的唐代永隆年间《卫士征镇详人及勋官签府诸色事》和天宝年间《典魏孝立碟为某人授勋及镯免事》文书中，可以印证将士在获得奖励并且授勋之后，可以得到相应的赋税蠲免。

6.2.4 将士退役救济制度

府兵制时期，兵士年龄是从二十一岁到六十岁，即所谓“成丁而入，六十而免”,① 但是有时皇帝念及军人的辛苦，也会提前让兵士退役。如唐高宗龙朔三年曾下旨“卫士八等以下，每年五十八放令出军”②，让五十八岁的府兵提前退役，而且对提前退役的府兵给予赋税上的减免，不用交庸调，只缴租税。募兵制施行后，唐政府为了提高军队的战斗力，进一步加强了对退役将士的救济力度：一是负担了退役将士归乡途中的衣物；二是给予退役将士提供归乡途中的口粮。对于有一定职衔的军官因老弱而退

---

① （唐）李林甫等：《唐六典》，中华书局1992年版，第158页。

② （唐）杜佑：《通典》卷六，中华书局1988年版。

役，唐政府规定等同于官员退休的待遇。在永徽年间，唐高宗就下旨，规定对于折冲都尉和果毅督尉因老弱而退役的“宜同致仕”，等同于官员退休，体现了唐代政府对军官和士兵的优恤之意。

6.2.5　优待军人家属制度

优待军人家属是免除军人的后顾之忧，达到稳定军心、保证军队战斗力的一个有效措施。唐代采取的优待军人家属包括了三个方面。

（1）给予军人家庭特别照顾

唐代政府将军人家庭作为特别予以照顾的对象，当军人随军出征，家庭缺少劳动力的情况下，由地方政府帮助其家庭耕作田地。唐太宗时就有对出征人“令州县为营农”的诏旨，武则天时期也有“征镇人家口，州县存恤。劝课殷有之家，助其营种，勿使外人侵欺”① 的要求。但在照顾的过程中，方式方法也在逐渐发生改变。太宗时期是由地方政府直接予以帮助，帮助军人家庭耕作田亩，到武则天时期开始动用社会力量，让富有之家先对军人家庭进行田亩耕作上的帮助，再由地方州县政府弥补不足。而到唐玄宗时期改为由地方官吏进行检验，对经济能力尚可的军人家庭予以免除差役等优惠措施，只有非常贫困之家，才由地方政府予以帮助耕作田亩，反映了唐代对军人家庭的特别照顾措施，在区分照顾对象的需求过程中不断地改进并逐渐趋于完备。

（2）安置家属随军

唐代中后期实行募兵制，兵士招募后家属可随军而居，同兵士一起居住于兵营，这样平时士兵与家属一起生活，可以互相照顾。部队出兵作战时，家属留守军营；家属如果不愿随军，由国家提供田宅安置。

（3）厚待阵亡将士家属

对待阵亡将士唐政府尤其予以优待和救济，一是对阵亡将士遗孤由国家来抚养。从唐高祖时就多有对阵亡将士遗孤由国家进行抚养的诏旨；武

---

① （清）董诰：《全唐文》卷九十六，中华书局1983年版，第997页。

则天时期就抚养遗孤具体事项的安排，下旨要求对“战亡人”的孤儿，由当地州县给粮进行安置抚养。唐肃宗时期元结上书皇帝，要求对将士遗孤进行安置，在《请收养孤弱状》中提出“有孤弱子弟者，许令存养。当军小儿，先取回残及回易杂利给养”的请求；唐懿宗在咸通七年也要求各道节度使对殉国将士的遗孤厚恤抚养：“将士勇敢用命，当锋殁身，义节可嘉，孤弱是念，并为本道节度史据所申报，各需安存。如血属单弱，不能自存者即厚加给恤。”① 除了中央政府，唐代地方政府在对待阵亡将士家属方面也多有抚恤措施，包括对其父母妻儿施以慰问、给予经济援助、给医治病、死后厚葬等方面。

6.3 对学子的救济制度

学子是在唐代享受社会救济的一个特殊群体。隋唐开始的科举制度，使得社会中下层社会平民有了“朝为田舍郎，暮登天子堂”的机会，并为社会的各个阶层提供了入仕治世的又一条通路，由此社会读书风气日益浓厚，形成“五尺童子，耻不言文墨”的局面。但同时考生众多，而唐代科举考试录取人数较少的原因，学子往往一考数年甚至十余年不能中举，同时还要负担读书以及应试的交通住宿等费用。当时的学子入学需要缴纳一定数额的学资，根据入学的不同等级，分为“国子、太学，各绢三正，四门学，绢二正，俊士及律书、算学，州县各绢一正”，② 这种情况下即使是富足人家也备感负担沉重，家庭贫瘠者则处境更为窘迫，至于贫困学子穷不能果腹、病不能医疾的情况也是屡见不鲜。在《全唐文》中就记载了学子廖有方科考不中归途，在宝鸡一家旅馆遇见一贫病学子，对方称自己数次科考不中，抱病无钱医治，不久后去世，廖有方感同身受，将其安葬。可以推断当时因科举不中而落魄异乡或因病客死他乡的学子不在少数。

① （宋）宋敏求：《唐大诏令集》卷三十五，商务印书馆1959年版，第634页。
② （宋）王溥：《唐会要》卷六十七，中华书局1955年版，第1174页。

同时唐代也有许多贫困子弟刻苦读书进而出人头地的例子，唐诗人孟郊“春风得意马蹄疾，一朝看尽长安花”的著名诗句充分描述了学子上榜后对未来光明前途的确信，在《旧唐书》《新唐书》等古籍中多有记载。如唐初宰相马宾王，少年即为孤儿，家境贫寒，喜好读书，尤其精通《诗》《春秋》；鲍防，天宝十二年进士，官至礼部尚书，年少时丧父家中贫穷，立志学习，擅长写诗文；柳公绰曾任户部尚书，也是出生于贫苦之家。应该说，这些贫苦学子之所以能取得成功，除了自身的努力之外，也是和唐代政府及社会各方面的救济密切相关的。

6.3.1　中央政府的救济制度

唐代的教育体系基本上可以分为中央和地方两级，以繁荣的经济为基础，唐代政府在大唐初年即创建了自己的教育体系，形成了专门化的教育机构。首先，唐政府将国子监从太常寺中分离，执掌中央国子学，作为全国最高级别的教育行政机构，下辖太学、国子学、四门学、算学、律学、书学。此外还有弘文馆、崇文馆进行教学，形成了“六学二馆”的体系，到开元时期又设立了广文馆、崇玄馆等、多个馆所学校，此外还有太医署教授医学，以及专门面向贵族子弟的太常寺、宗正寺等学馆。对于官学的教师，当时已经有博士、助教、直讲的分类，并且有了一定的师生比要求。唐代的教师编制与师生比例，是根据国家政治发展条件与经济负担能力确定的，经过了较为准确的规划和预算。在国子学中设置博士7人，助教和直讲各5人，招收学生300人，教师与学生之比为1:25；太学设置博士6人，助教6人，招收学生500人，教师与学生之比接近1:45；其他的机构一般设置博士、助教、直讲各6人，招收学生1300人左右，师生比接近1:72。从中可以看出，培养国家高级官吏的层次较高的官学，师生比较高，这样可以保证教师有充沛的精力，培养高质量的人才。而对于程度较低的官学，则扩大师生之比，广收学生，这样既可以满足社会需要，还可以较小的投资收到较高的效益，并且都通过法典的形式固定下来，达到学校既不会人满为患，也不会因师生之比失控而陷入紧张混乱的状态。

唐代对于教师的官品和俸禄也有规定，国子学博士具有五品以上资格，助教七品以上资格。《新唐书·食货志》中记载，从武德元年李渊建唐开始，教师就作为政府官员而享受相应的禄米待遇，其中五品官的禄米为二百石，七品官的禄米为八十石。京城教师禄米的发放机构为司农寺的太仓署，发放时间在《唐六典》中"春夏二季则春给之，秋冬二季则秋给之"的记述，应该是一年两次发放，上半年于春季支领，下半年于秋季支领。而州县地方学校教师的禄米由州县仓库发放。敦煌文书《唐天宝九载敦煌郡仓纳骨牒》载："出粟叁拾贰硕，给县令韦谟，八月廿日上后禄。"地方教师的禄米是由州县仓库支付的，发禄之季在秋季的下旬。

各级各类学校一般均采用集中讲授的上大课的形式，教学方法有讲论、问难、诵读、读书指导四种方式，除了学习儒家的经学著作，对经典进行考据及经文进行解释之外，在明法课、明算课和太医署之中，还有法律、算术、医学等专科知识的讲授。中央政府的救济主要体现在为学子减免赋税、提供食宿方面。

（1）免除课役

唐代对在中央诸馆读书的学生予以免除课役，一是由于当时在中央主管读书的学生多为高级官吏子弟或皇亲国戚，本身就享有免除课役的特权；除此之外能进入中央诸馆读书的学生，多为平民子弟之中的优秀人士，免除其课役能使其集中精力、安心读书。在学子通过科举考试上榜之后，不仅免除其本人的课役，其家庭的课役也可以免除。以至于后来出现了科举上榜者为他人家庭挂虚名、逃避课役的现象。对于这种情况，当时的宰相崔协曾上奏要求严肃处理这种"滥蠲徭役，虚占官名"① 的情况，其建议后被皇帝采纳。可见唐代政府对学子有很优厚的救济政策。

（2）提供免费食宿

在《旧唐书》中有记载，唐代政府对于中央政府办学的国子监、崇文馆、弘文馆的学生两千余人，都给予免费食宿的待遇，"皆廪饲之。十五

---

① （宋）薛居正等：《旧五代史》卷一百四十八，中华书局1976年版，第1980页。

载，上都失守，此事废绝”。[①] 免费食宿的待遇从唐初一直持续到天宝十四年安史之乱前。后来因受安史之乱的影响，国家曾一度停止了对学子的免费食宿，直到永泰二年才予以恢复。在恢复免费食宿之后呢，针对曾经出现过的有些学生为了免费食宿而不肯毕业的弊病，也采取了一定的变革措施，包括学生须通过考试确定提供食宿的等级、清退不符合条件的学生，并且给各个学堂一定数额的本金，允许其放利收钱，作为学生食宿的费用。

对于确定免费食宿的程序，在《唐会要》中有记载。以国子监为例，入监学习的学生，需要先在礼部报名，由礼部进行审批，并通过国子监的考试，在礼部备案之后方可进入国子监学习，并取得相应的免费食宿的待遇。

6.3.2 地方政府的救济体系

地方各级各类学校是唐代官学教育的另一组成部分，它的建立对社会平民子弟的教育起到了重要的作用。

（1）为平民子弟提供更多的受教育机会

唐代中央各学馆主要收贵族子弟为学生，在唐高祖武德元年建立中央教育体系的诏令中明确要求国子学收三品官员以上的子孙，太学收五品官员以上的子孙，其他的馆学收七品以上官员的子孙。后来虽有平民子弟的进入，但在人数上仍是以贵族官僚子弟为主。而地方教育体系的建立，不仅标志着唐代国家教育的初具规模，而且也为皇族外戚、勋臣贵胄之外的中小地主阶级及部分自耕农子弟，开辟了受教育及入官为仕的途径。

唐政府从武德元年开始，在建立中央教育体系的同时，也着手地方教育体系的建立，在长安、并州、汾州、河东等州郡设立学校。武德七年开始大规模、普遍性地建立地方教育体系，到贞观三年唐太宗设立地方医学，使地方教育形成了经学、医学双重并举的格局。到唐玄宗时期，州、县的地方学生通过考试，可以进入中央学馆学习，为庶民阶层接受高等教育开拓了一条新的道路。但直到开元二十六年之前，唐代的地方教育仍然

---

① （后晋）刘昫：《旧唐书》卷二十四，中华书局1975年版，第924页。

是州、县、乡三级，直到开元二十六年正月，唐玄宗又令“天下州、县、乡、里并置学”①，形成了州、县、乡、里四级制的完整的教育体系，教学内容以经学和医学为主。在《唐六典》中有对地方学府学生名额和教师配置的要求，其中最高级别的是以西京长安为中心、以东都洛阳为中心、以太原为中心的京兆、太原、河南三府学，要求经学博士教师一名，学生八十人，医学博士教师一人，助教一人，学生二十人。而最低级别的里学，属于乡里学校。

唐统治者相当重视作为基础学校的乡里学校，从武德七年下诏开始设置乡校，开元二十六年正月唐玄宗又下诏，“其天下州县，每乡之内，各里置一学，仍择师资，令其教授”。② 天宝三年又下令“每乡之内，倍增教师，郡县官长，明申劝课”。中央政府的三令五申促进了各地乡里学校的普遍设置。从正史列传和一些文集中，可以看到唐代许多著名的政治家、文学家曾在乡里学校就读或者执教。《旧唐书·白居易传》中记载白居易曾当过“乡校竖儒”，宰相权德舆以及诗人皮日休、柳宗元也曾经在乡校上学。可以看出在人才的培养上，地方教育系统起到了巨大的作用，并且为普通民众子弟进入上层社会提供了一条通路。

（2）资助应试费用

参加科举考试所需的书本费、住宿费、路费等各项费用对学子来说是一笔不菲的开支，尤其是对贫家子弟而言，可能因此不得不放弃科考。针对这种情况，唐代各地方政府都有相关的助考措施。学子在通过州县考试之后，州县地方政府会举办“乡饮酒礼”。“乡饮酒礼”是一种起源于周代的聚会宴饮之礼，在隋唐时期因为科举考试的兴起而与学校和教育相结合，最终成为在各级学校举行的学礼。

在《大唐开元礼》中对“乡饮酒礼”有明确的规定。“乡饮酒礼”的主人为刺史，参加者为各乡县的贡士，即“贡人之中有明经、进士出身，兼德行孝弟灼然显著、旌表门闾及有秀才者，皆刺史为主人”，③ 举行时间

---

① 《通鉴》卷二百一十四，《玄宗开元二十六年正月》。

② 《唐会要》卷三十五，《学校》。

③ 《大唐开元礼》卷一百二十七《嘉礼·乡饮酒》，民族出版社2000年版，第603页。

大概在每年十月，《新唐书·选举志》记："每岁仲冬，于州县学为贡士举行乡饮酒礼。"实际是为州县的贡士进京举行的饯行送别仪式。根据唐代的贡举制度，贡士须在每年的十月二十五日和州县的计吏一起"随（贡）物到京"，在此过程之中能获得州县官府一定的经济资助。资助的等级分为解元、解副、海送三级，数额根据各地的财政力量不太一致。在学者盛会莲的《唐五代时期对学子的优恤》一文中提到江西的资助数额为解元三十万钱、解副二十万钱、海送不少于十万钱，持续时间达三十年之久。①由于各地州县政府出资不同，甚至出现了贡士嫌弃州县提供的资助数额少的情况，在《唐语林》中记载当时的举子吴武陵，因赴考向当时的州刺史李吉甫求资助，"李吉甫赠布帛数端"却被吴武陵嫌弃太少，李又加赠米二百斛；另外在赴考的路途之中，还有不少学子凭借诗文等自己的学业向沿途的州县官员投谒，募得资助，此举被称作"丐资"。除此之外，唐代地方政府还免除了学子赶考的渡水、渡河费用。

应该说，唐代地方政府在为学子提供资助及便利条件方面可谓不遗余力，这一方面是由于唐代形成了重视教育、尊重读书人的风气；另一方面是由于唐代的取吏制度，很多官员都是科考上榜的举子出身，为其提供资助既可以赢得爱才的美名，也为自己日后提供了一定的社会资源，因此各地方官吏都非常重视对学子的资助。

6.4　对少数民族的救济制度

中国历来是一个统一的多民族国家，民族问题影响深远。自西晋末年以来，中国社会，经历了剧烈的社会动荡和民族冲突，同时迎来了空前的民族交流和民族融合，正是在这样的基础之上，北方胡族的游牧文化与中原汉族的农耕文化得以进一步交融。而李唐皇室论血统，少数民

① 《唐摭言》，古籍出版社1978年版，第18页。

族成分远过于汉，其本身就是民族融合的产物，在制定民族政策的时候对少数民族更加宽容与平等，这也是唐代民族政策有别于其他朝代的因素之一。

6.4.1 政治上的羁縻府州自治制度

早从秦汉开始，就有在少数民族地区设置郡县进行管理的方式，但同时存在着中央政府与民族地方政府各自为政、中央政府号令难以实施的情况，唐代吸取了之前王朝在处理少数民族关系上的经验教训，以平等宽容的态度对待少数民族摒弃之前汉族政权、政治、歧视兼军事压制的做法，做到尊重其民族习俗规范的“不易其俗”，同时对少数民族采取了具有浓厚自治色彩的管理制度，创造性地使用了“怀柔远人”的地方羁縻府州制度。《史记·司马相如传》中对羁縻解释为“羁，马络头也；縻，牛靷也”，意为笼络和控制并用。

唐代在边疆少数民族聚集地区全部设置了大约八百个羁縻府州。羁縻府州制度类似于当今的少数民族自治制度。唐代通过羁縻府州制度，既将少数民族居住地区纳入中央统一行政区划设置之中，同时又保留了该少数民族的传统管理方式。第一，羁縻府州机构的长官包括都督、刺史、县令均由本族首领担任，而且其职位在通过中央政府诏册后可以由子孙世袭。第二，羁縻府州政府可以使用当地民族的传统习惯、方式来治理内部事务，中央政府不予干预。第三，中央政府会选派部分汉官去羁縻府州任职，和少数民族官员共同行使管理权，同时也作为中央政府的代表，对羁縻府州进行监管督导。选派任职的汉官，必须“达蕃情识厉害”，以避免因不通晓当地风土人情而引发民族矛盾。第四，在羁縻府州的范围之内的居民户口可以不呈报户部，不向中央政府上缴赋税。第五，羁縻府州有独立的军事权，可以自己建立军队、守卫疆土。但同时唐中央政府也对各羁縻府州政府有一定的要求，一是政治上要宣誓效忠中央政府，承认其领地属于唐版图范围，遵守唐代的一干法律制度；二是经济上要向唐中央政府定期敬奉朝贡方物特产；三是军事上各羁縻府州的军队不得拒绝接受唐中央政府的调遣。

通过这几项措施，唐政府既达到了确立中央对少数民族地区的领导权和军事统帅权，也保证了少数民族地区的稳定，并且加大了对少数民族地区事务的参与力度。在当时的历史条件之下，不失为一种进步的民族事务管理方式。

6.4.2　经济文化方面的救济制度

（1）经济方面

为了更好地安定人心及笼络少数民族，历代统治者对少数民族都不乏优待减免税收措施，唐代统治者也不例外，而且以法律的形式进一步固定下来。唐代针对少数民族采取和汉族地区不同的税收政策，汉族地区实行按丁计税，而边境少数民族地区是按户征税。唐代《赋役令》对此规定为，少数民族归属地内的居民按户分为九等，其中四等以上为上户，税钱十文；五等到七等为次户，税钱五文；八等以下为下户，免税。唐代在岭南地区征收税米的规定，“上户一石二斗，次户八斗，下户六斗”。但对于少数民族，则“皆减半”，并且“外蕃投化者免税十年”。[1] 可以看出，在税收的征收额度方面，唐代对少数民族实施的赋税要比对正常的汉民轻很多，而且根据当地的经济形态，少数民族可以用牛羊、米类来冲抵完税，并不一定要使用金钱缴纳赋税。在羁縻府州之地，其所征收的税收不必上交中央财政，由当时首领同时也是府州长官自行安排处理。将这部分税收留在当地，在一定程度上是有利于当地经济发展的。此外在徭役方面，唐统治者也坚持对少数民族进行优待、有别于内地汉族的政策，在《新唐书》中有记载，唐代对“四夷降户……免役十年”；另外在《通典》之中也提到唐代的徭役制度，其原则是“边远诸州……应输课役者，随事商量，不必同之华夏”。

经济方面对少数民族的救济除了赋税、徭役方面的减免，还有“互

---

① 《通典》卷六，《食货典·赋税下》。

市”制度。此处所说的“互市”制度是指唐代政府与境内少数民族的商品贸易活动，唐代专门成立了“互市监”机构，《唐六典》中对“互市监”的定义为“掌诸蕃交易之事”，行使着管理和引导互市交易活动，同时维护正常的交易秩序的职能。在交易过程之中，主要是以唐代的粮食、茶叶与少数民族地区的特产如马匹、牛羊、骆驼等物进行交换，由于少数民族多为游牧部落，且所在地区粮食产量较低，对于内地的农耕经济有一定的依赖性。对此唐政府有着比较深刻的认识，在交易过程之中要求公平交易，严禁强买强卖，并严惩欺行霸市、哄抬物价的行为，《唐律》中对于“买卖不和而较固取者”的强买强卖人，以及“强执其市，不许外人买”的欺行霸市行为，都是处以杖刑八十下，对于其获得的非法利润，按照盗窃罪的相关条文进行处理，同时要将获得的非法利润返还受害人，起到了打击违法犯罪行为并同时对合法经营者进行保护的效果。唐政府还要求管理市场的官吏对交易物品进行价格评估，防止价格过高或过低，目的是防止商人谋取暴利抑或价格过低打击商人的市场交易积极性。如果官员评估的物价过分背离物品本身的价值，可能会丢失官职；如果在评估过程中还有中饱私囊的行为，则以盗窃罪论处。“互市”制度促进了内地与少数民族地区的物资交流，并在此基础上促进了文化的进一步交流以及民族关系的发展。同时，“互市”制度还具有一定的政治属性，可以作为一种政治手段来使用。境内少数民族一旦出现不服从中央政府号令、扰乱地方秩序的情况，唐政府往往首先采用闭市的手段进行惩戒，在地方少数民族臣服后又开市以资鼓励并进行笼络。

（2）文化方面

儒家思想在唐代已经被广泛认可，深入到社会生活的各个方面，同时唐统治者也对少数民族积极推行儒家的礼仪文化。少数民族首领的子弟可以进入唐代的最高学府——国子学中就读。《资治通鉴》中记载，贞观十四年，国子学“四方学者云集达八千余人”，其中有从高丽、新罗等地而来，还有吐蕃诸酋派遣子弟来求学的；而地方所办的学府中，也招收少数民族的子弟，并且官府还会给予额外的费用（禀给）。当时在少数民族聚集地之一的成都，对少数民族子弟予以儒家教育，其毕业后，再教授其他子弟，“如是五十年，群蛮子弟学于成都，者殆于千数”① 应该说这种做法为儒家文化思想的传播、少数民族地区人才的培养，以及促进民族团结起到了较大的作用。

6.4.3 法律上的救济制度

（1）尊重少数民族及其习俗的法律规定

《唐律》中有关于“化外人相犯”的法律条款。所谓的“化外人”，是指儒家文化教化熏陶之外的人。古代中国从汉武帝时期开始“罢黜百家、独尊儒术”，儒家思想逐渐开始为统治阶级所承认，成为封建王朝中占统治地位的正统思想，到唐代经历数百年的时间，其核心价值观“仁爱”“民本”“德治”成为统治阶级最高层次的价值追求，而其所提倡的“礼义”规范以及“君君、臣臣、父父、子子”社会等级理论，对民众及其社会起着一定的规范作用。但边疆各少数民族因其自身的特性而形成的社会秩序及价值判断标准与当时的汉族地区大不一样。而儒家思想在推崇教化的同时又主张有教无类，故而唐统治者以是否接受儒家思想的教化作为标准，将在其境内的人分为了“化内人”和“化外人”。“化外人”既包括境内的少数民族也包括当时在唐朝的进行外交、商业活动的外国人。对于化外人的犯罪，唐律规定，“同类自相犯者，各依本俗法，异类相犯者，以法律论”，“本俗法”是习俗与法律，《疏议》对此条的解释是因“蕃国异族另有君长统治的人，他们各有自己的风俗，所立的法制不同。如果是同类人相互侵害犯罪的，必须问明其自己的制度依其习俗与法律处断”，如果是“异类相犯，若高丽与百济相犯之类的”，皆按照唐律来定罪量刑。该条款之中的“化外人”，实际上不是按照国籍不同来进行区分的，而是按照社会礼教文化的不同而进行的分类，并以此为依据在适用法律方面做了一定的调整。因此，“化外人”既包括了外国人，也包括了与汉族民族文化大相迥异的少数民族。该条规定体现了唐政府对于在唐朝国境之

① 《资治通鉴》卷一百九十五。

内发生的各个少数民族之间、汉族与少数民族之间的纠纷以及违法犯罪行为的处理原则，是在维护国家法律尊严的前提之下，同时又进行灵活变通，将属地主义与属人主义相结合，对少数民族的风俗习惯给予必要的尊重。

在具体实施过程中，但凡涉及内居的少数民族之间的纠纷处理，优先适用本民族的法律以及习惯法。在唐代，有很多少数民族聚集居住的场所，称作“蕃坊”，蕃坊之内的首领称为“蕃长”，蕃长有权依据本族的习惯法处理在蕃坊之内所发生的本族人之间的纠纷，唐政府对此是不予干涉的。唐代的阿拉伯商人苏莱曼在其《中亚游记》中对唐代广州地区的回族人居住的蕃坊及蕃坊之中发生的诉讼案件有所记载，在当时的蕃坊中，皇帝任命的蕃长同时担任回族判官，按照回族的风俗习惯治理蕃坊，与民众共同生活并一起进行祈祷、斋戒等宗教事项，在蕃坊内发生的族人之间纠纷，由蕃长按照《古兰经》、圣训等回族内部的规范予以裁夺。由此可见，少数民族拥有在蕃坊之内依照本民族的传统生活方式进行生活、信奉本民族宗教的权利。在唐《主客式》中，规定在少数民族身死之后，“欲依乡法烧葬者，听”，明确规定异族人在唐境内身故后可以依照自己的本族习惯烧埋，政府不仅不干涉，而且“缘葬所须，亦官给”，体现了对异乡身故的外族人的尊重和人文关怀，并且给予了经济方面的救济。

（2）保护少数民族财产权的法律规定

唐《主客式》对于少数民族商人在外地病故的，如果没有家人和亲属在身边，“诸蕃人死亡，无亲人相随，所有财物，随便纳官”，由官府进行保管并记录在案，“具状申省”。之后其父兄子弟等近亲属可以向官府申领其财产。这些条款后来被《宋刑统》所继承并进一步发展，形成了比较完善的保护死亡客商的财产权及亲属继承权的有关法律规定。《旧唐书·李晟传》记录，李晟为右龙武将军，其儿子向回纥人借款一万余贯不还，回纥人提起诉讼，当时皇帝唐穆宗亲自过问此事，并下旨要求禁绝此类事情再度发生，并将李晟贬为宣州别驾，在诏旨中唐穆宗提到“举蕃客本钱……致蕃客停滞交易，不获及时。……自今以后，应诸色人宜除准互市外，并不得辄与蕃客钱物交关”，并要求对以前发生的欠少数民族客商钱不还的现象，由地方府县进行处理。这个案子实际上是汉人与少数民族之间的借贷纠纷，基于双方身份的不同，并鉴于当时社会上有大量的官吏、军人、百姓与少数民族商人间借贷纷争，甚至影响了少数民族商人的正常经营活动，唐政府一方面要求官员百姓今后不要再向少数民族商人进行借贷，以免发生纠纷；另一方面要求债务人尽快结清债务，并要求府县地方政府予以配合，保护借贷双方的合法利益。但在处理问题过程之中，我们也不难看出，唐政府对于少数民族商人是给予适当照顾的，因此才对李晟有降官的处罚，此举措的用意应理解为唐政府大力维护民族关系以及对少数民族的相对弱势地位予以一定的救济。

（3）禁止歧视少数民族的法律规定

唐代从一开始就抛弃了传统的“华夷有别”“夷夏大防”的陋见，确立了对境内及归附的少数民族“平等如一”的指导方针。如唐太宗认为，历史上的帝王都没有很好地处理民族关系，其根本原因并非他们没有才能，而是其采取的“贵中华，贱戎狄”方法不正确，因此唐太宗采取了将汉族与少数民族同等对待的方法，在贞观二十一年时，唐太宗总结自己能使四夷归服的五条成功经验，其中第五条就是自己能将汉族和少数民族同等对待、一视同仁，进而达到“华夷一家”，其思想在法律方面多有体现。

第一，归化的少数民族享有和内地汉族同等的待遇，禁止歧视更加不得奴役。《户令》有关于“没落化外人、外藩人安置”条款，规定对于“化外人归朝者”，由其所在的地方政府发给衣物及食品，并登记户籍安置且分配给土地；而对于“化外奴婢”，法律规定除去其奴婢身份，“悉放为良，即附籍贯”，也就是说少数民族之中的地位卑贱类似奴婢之人，从归附唐朝之日起就具备了平民身份且户籍登记在册，具有居民的身份。而且法律还特别规定，即使其原主人“先来投国，也不得认”，从法律上保证其永远不会再回到奴婢的身份。

第二，在官员选拔和任用上一视同仁，不因少数民族而区别对待、厚汉薄蕃，如长孙无忌、李光弼、高仙芝、哥舒翰、仆固怀恩以及“安史之乱”的发动者安禄山、史思明等人，都是少数民族出身。根据《新唐书·宰相世系表》中的记录，唐代历任宰相有三百六十九人，其中少数民族出身有二十四人，达到百分之六的占比。唐政府甚至特意提拔少数民族中的贤能人士到政府和军队中任职，《贞观政要》记载："诸部落首领来降者，皆拜将军中郎将，布列朝廷"，对少数民族归附人才的爱才之心由此可见。另外，在唐代的官制设立之中，存在着"正员官"和"员外官"两种序列，其区分标准为是否存在于法定员额之内，"员外官"即处于法定员额之外的官员。通常正员官的限额为一名，而具有相同地位及职能的员外官数额为若干名，其职能之一即安置各类少数民族中的特殊人士，以国家官员的身份将少数民族中的首领、德高望重者、身份显赫人士纳入到国家的政治体制之中，成为政权组成部分之一，也包括一些向唐政府归顺、投降以及战争之中被俘的少数民族人士。如《旧唐书》中记载，开元二年"突厥默啜（可汗）妹婿火拔吉利发石失毕与其妻来奔，封燕山郡王，授左卫员外大将军"；《资治通鉴》记载，开元十年契丹首领郁于入朝请求赐婚，被授予左金吾卫员外大将军。除此之外，在史籍中有记载的还有包括归顺的突骑施贵族苏禄、投奔的奚王茹羯、西突厥灭国之后的可汗之子忠顺、兵败投降的高丽国王高藏。

值得注意的是，员外官与羁縻府州官员是不同的。羁縻府州中的官员类似于自治地区的封官，虽然获得唐政府的授予，但不属于唐政府的官员体系之中，而员外官是纳入到唐政府的国家官员系统之中，有明确的官品，升迁方法与正员官相似，属于国家官员。应该说唐代所实行的少数民族员外官制，对当时的民族和谐安定及边疆稳定起到了积极的作用，同时增加了中央政府对各少数民族的凝聚力，增强了对统一国家的认同感，同时也促进了边防的巩固。

6.5 本章小结

唐代对特殊群体（官员、军人、学子、少数民族）的救济制度显示出统治者对社会各个层面的关注。对于官员，唐代政府制定了严格的选拔制度，提高了官员的待遇，以激励他们勤政廉政，同时也设置了一系列保障措施，如养老、丧葬、伤残等救济制度，体现出对官员阶层的关怀。军人在唐代社会中扮演着重要角色，政府对他们实施优抚政策，包括对家属的照顾、伤残军人的赡养、英勇牺牲者的褒奖等，以激励军人忠诚勇敢地为国家效力。唐代尊崇文教，对学子的教育与培养给予极大重视。政府设立了国家贫困学生的助学制度，以帮助贫困家庭的子弟接受教育。少数民族在唐代得到了平等对待，政府实施民族地区的优惠政策，如减轻赋税、加强基础设施建设等，以促进少数民族地区的经济发展和民族团结。此外，唐代政府还积极推动民族文化交流，使得多元文化得以融合与传承。对特殊群体的救济制度突显了当时政府在国家治理中的包容与开明，为唐代社会的繁荣稳定奠定了坚实基础。

第 7 章

唐代社会救济法律制度的意义与当代借鉴

7.1 唐代社会救济法律制度的实施情况

唐代社会救济法律制度在当时已经较为先进，使得唐代在社会救济方面基本上能做到有法可依。唐代社会救济法律制度是在唐代统治者以儒家“德礼为政教之本，刑罚为政教之用”的儒家仁政指导思想下制定的对社会老、弱、病、残等弱势群体及各种需要特殊对待的群体进行救济的法律制度，也是中国古代社会救济法律史上重要的里程碑，具有不容忽视的历史意义。同时，我们也应该看到，法律制定的意义不仅在于其先进性，而且在于其执行性。如果法律制度发达而得不到实际执行，就会成为空谈之法，其实际的社会意义有限。如同隋代初年，隋文帝制定的以“宽简”为原则的《开皇律》，起初严格执行法典，促进了隋前期“开皇之治”局面的形成。但到隋文帝晚年，用法变得刚猛，《隋书·刑法志》中有“喜怒无恒，不复依法科律”的记载，开皇十七年时隋文帝下诏允许法外用刑，之后随着社会矛盾的日益激化，出现偷一文钱也要处以死刑的规定。甚至出现了“三人同窃一瓜，事发即时行决”的案例，使得隋文帝晚年冤狱无数，各级官吏更以残暴为能事，以守法为懦弱，致使宽简完备的《开皇律》被弃置不用，成为一纸空文。就法律制度而言，隋代的法律比之前朝的法律有较大的进步，体例内容更加合理，刑罚制度也更加人性化，同时对后世的立法也产生了重大的影响。但仅有法律自身的完备并不能保证社会的长治久安，还必须确保法律在社会实践之中的切实实施，达到立法与司法状况的高度统一，才是立法的最终目的。著名法学家沈家本对隋朝的法治情况曾做过精辟的论述：“法善而不循法，法亦虚器已。”① 准确地描述了隋朝法制完备但是执行不力的局面。

而中国古代的社会救济制度，经过唐之前各个朝代两千余年的发展已

---

① （清）沈家本：《历代刑法考》，中华书局1985年版，第47页。

经奠定了一定的基础，到唐代经过继承并经励精图治的统治者进一步推动，同时以雄厚的社会经济做后盾，使得社会救济趋于成熟，表现为：

第一，社会救济措施形成了定制，并以法律形式体现出来。从唐代开始，各种社会救济措施开始向制度化、法律化的方向发展。如唐代开始出现的病坊，开始是由社会慈善力量所支持，后面也制定了相应的法规，对其行事方式、救助活动进行了相应的规范。此外，对待民间的老病贫疾残之人也有相应的法规予以救济，这些法规对于受救济者的生活起到了一定的保障作用。同时，对于社会的特殊群体，如官员、将士、学子等社会支柱群体，唐代也有相应的救济法律制度，保证这些群体的稳定，以达到社会秩序的稳定进而达到统治的稳固。

第二，各项救济法律制度基本完备。唐代的社会救济法律制度，已经涵盖了特殊时期的紧急救济，包括发生灾难之后的灾中救济和灾后赈济，以及正常社会状态下的防灾措施、对社会孤弱的优恤抚养、对年老和贫病之人的老养死葬和疾病养济，实现了法律上有所规定，救济经费以官府出资为主，同时辅之以民间慈善资本介入、官方进行引导的方式。

但是我们也应该看到，完备的法律制度出台之后，它的执行状况必然是和社会的经济状况相挂钩，需要以良好的经济状态为基础。唐代实施的社会救济制度，基本上可以分为政治和经济两大方面，政治方面，唐代统治者秉承着“德主刑辅，礼法并用”的指导思想，其所实施的社会救济制度往往是为了体现统治者的仁政，因此在养老、救灾济困方面多有出现，但也有象征意义大于实际意义的情况出现。如唐代对老年人所规定的配给侍丁制度，在《户令》中规定：年满八十岁的老人配给侍丁一人，年满九十岁的老人配给侍丁两人，年满一百岁配给侍丁五人。囿于当时社会生活条件、医疗水平的限制，可以预见能够真正享受到这个救济制度的人屈指可数。蒋爱花所写的《唐人寿命水平及死亡原因试探——以墓志资料为中心》一文对接近五千个唐代的男女样本进行了研究，得出当时唐代的男性平均寿命约为六十岁，女性的平均寿命约为五十八岁。所以给高年老人配侍丁这种制度规定其目的主要是宣扬敬老、善待老人的思想。还有关于医疗救济方面，虽然自古就有“医者，掌万民之疾病”的理念，但实际上医师的医治对象主要是天子和百官，普通百姓除非遇到重大的流行疾病和水患灾难，很难享受到国家的医疗救济服务。唐代的医疗机构包括中央医疗机构和地方医疗机构两大部分，以唐代长安城为例，主要是中央医疗机构来进行服务，其服务对象是皇帝、太子、官员及一些特定人群，一般情况并不负责平民的医疗。而中央医疗机构分为太医署、殿中省尚药局、药藏局三大系统。其中的殿中省尚药局只为皇帝服务，药藏局基本只为太子服务，太医署除了医治病人之外，还负责全国的医政和医学教育。太医署的常制员额为三百四十一人，而当时长安城的人口除了在籍户口外，还包含很多赴京考生、铨选官员、游方僧人、外国留学生和外国商人等流动人口。日本学者日野开三郎在其著作《唐代邸店的研究》中提出，在开元、天宝年间，长安城的人口数量约为一百万人。这样的话，当时长安城每千人拥有太医署的医师不会超过零点四人。可以断言，即便是在首都长安城，其居民医疗救治也是无法过多依靠太医署的，往往是出现了伤寒疟疾等重大传染病时，才由太医署出面给予一定的治疗。这一点从唐开元年间的《医疾令》第二十五条，“诸太医署，每岁常合伤寒、时气、疟痢、伤中、金疮诸药，以备人之疾病者”① 的记载可以得到印证。所以应该说除非有皇帝特诏以及发生大规模的传染病，否则这些医疗机构并不会为平民进行治病疗疾。而法律上关于疾病救济的规定，更多是从统治阶级的角度，彰显政府的人道主义关怀和帝王的仁慈之心。

在经济方面的社会救济制度主要体现在救灾、济困方面。唐代宰相姚崇称救灾活动为“国之大事”，可见唐代政府对救灾活动的重视，因为其一方面关系着对受灾地区居民的生命保护以及对农业生产的恢复，救灾活动在拯救灾民的同时也在保护着社会的生产力；另一方面救灾活动会缓解灾民流离失所的情况发生，在维持社会秩序稳定的同时减少了社会矛盾的爆发，进而维护了统治秩序的稳定。因此从唐代统治者的主观意愿上来说，其对救灾活动及因灾受困人群的救济是积极主动并且一直在寻求各种可能的救济方法，把减灾、济困工作当做一项社会系统工程进行。在史书

---

① 黄正建等：《天一阁藏明钞本天圣令校正》下册，中华书局2006年版，第652页。

之中也有大量关于唐代救灾和济困的记录。在潘孝伟的《唐代减灾与当时之政治关系》一文中进行了统计，终唐不到三百年的时间，有据可查的官府的救灾活动约有一百三十四次，每次救灾粮食以十万石起步，甚至多达一百万石、二百万石①，除此之外还有诸多的，如移民就粟、民间救助等救灾措施。因此有唐一代前后经历了数百次灾害袭击，但仍然创造出历史上政治及经济的空前盛世，应该说唐代政府的灾害救济活动在其中所起的作用功不可没。

政府的社会救济实施情况是和当时的经济状况密切相关的。据统计，在唐代从高祖时期到昭宗二十位皇帝统治时期的赈灾之中的赈济和蠲税情况如图 7－1 所示。

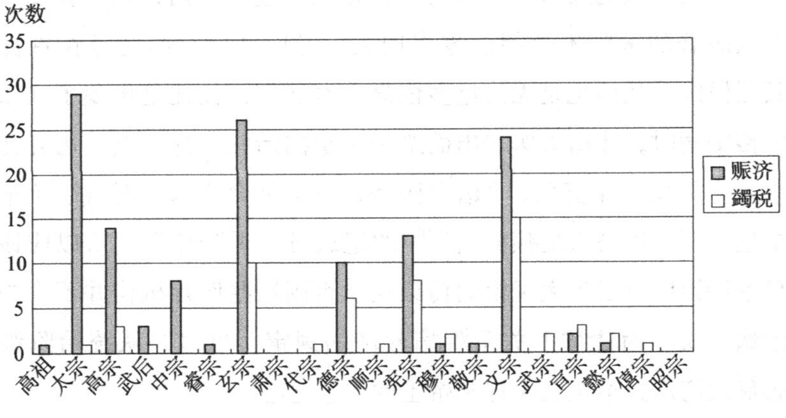

图 7－1　唐代各代皇帝赈灾次数情况统计

从图 7－1 中可以看出，太宗、高宗、玄宗、宪宗、文宗时代，当时社会在财政、政治上处于平稳状态的时期，其在减灾赈灾中的投入也是最大的。玄宗时期，更是如此。在唐朝最强盛的时候，他们投入的救灾物资，已经达到了巅峰；而在唐肃宗及唐昭宗年间，天下形势最为混乱，中原的经济几近崩溃，在此期间面对正常的灾害，人力、物力的投入也陷入了低

① 潘孝伟："唐代减灾与当时经济政治之关系"，《安庆师院社会科学学报》1995 年第 4 期，第 19—24，10 页。

谷，几乎到了难以为继的状态。所以纵观唐代各个时期的赈灾投入的变化，很大程度上体现出唐朝当时的经济形势的盛衰，可以说，灾情之中投入的救灾物资的数量，基本上和经济实力成正相关关系。

除了唐代赈灾活动的整体尺度随着政治经济形势的改变而改变，赈灾的整体效果也随之改变。引人注意的是，这与唐代朝廷权力逐渐衰弱的趋势相吻合。根据史料，在唐朝前期，赈灾的效果是十分明显的。比如贞观时期遭遇的六州干旱饥荒，灾民粮食匮乏。太宗诏令“移民就食”，取得了良好的效果。并且百姓之中，怨言较少。应该说，地方当局是严格执行了中央的命令；唐玄宗年间山东等地遭遇蝗灾，宰相姚崇力主灭蝗虫，遭遇到一些中央及地方官僚的反对，但唐玄宗坚决支持姚崇，声称：“捕蝗虫之事已定，敢议论者死。”从此大灭蝗害。这是唐朝初期防灾工作取得的显著成效。不过中唐之后，整个天下一片混乱，国家赈灾的整体效果越来越差，有时还会出现赈灾钱粮被地方官吏贪污，无法到达灾民手中的情形，“比年赈贷，多为奸吏所欺，徒有其名，惠不及下”。① 到了唐朝后期，赈灾的手段依然但收效却甚微。就像唐僖宗时期，出现了关东大旱的情形，朝廷命令地方官府按照惯例赈济灾荒，各州的义仓也还是老样子，但由于地方官吏的执行不力，最后政府的赈灾命令沦为一纸空文。从初期到中期、到后期，唐政府的赈灾效果呈现出逐渐减弱的总体趋势，而这一下降的势头，正好与唐代政府权力逐渐下降的趋势相符。众所周知在王朝始建初期，往往是令行禁止，中央政府有着极高的政治权力，没有地方政府能与之抗衡；中唐时诸侯云集、藩镇割据，以武力为先，中央政府的政治权力明显下降，对当地的监督力度每况愈下；到了后唐，政府更势弱，号令也是无用，诸藩镇众自相残杀，更不要说赈济灾民、救济百姓。由此可见，在一个幅员辽阔、人口众多的国家，稳定和强大是压倒一切的要务，只有在政治、经济都相对稳定和发展良好的情况下，尤其是中央政府具有强有力的权威的状态下，才能实现社会救济的正常化。

---

① 《册府元龟》卷一〇六《惠民》“大和八年九月诏”。

7.2 唐代社会救济法律制度的特点

中国古代从历史发展进程来看，具体社会救济活动既与当时生产力水平和社会经济形态密切相关，又与当时政权形态、文化或意识形态密切相关，中国传统的社会救济是伴随着国家起源和王朝演进的制度，在数千年的国家嬗变以及血缘制与等级制相结合的社会组织方式中逐渐发展起来的。中国救济思想的源头在西周时代，为后世社会救济思想的发展打下了坚实的基础。此后，社会救济日益成型，并伴随着朝代的演变，在中国社会的发展中扮演着举足轻重的角色。几千年华夏文明一脉相承，从中国历史的演变中可见一斑。虽然生产力水平和社会经济形态从古代社会到近现代社会都发生了很大的变化，改朝换代也一定会引起社会制度的变化，但历史资料的异常丰富表明，在历史发展过程中，唐代的社会保障还是保持了其自身的一些基本特征：

（1）唐代的社会救济法律制度具有鲜明的本土化特征

从西周开始历经春秋战国诸子百家，中华文明史上出现过的大同思想、民本思想、仁政思想、宗法思想、重农思想、均齐思想、互助思想等一脉相承，对于唐代的社会救济思想有着深远的影响。如孔子在两千多年前就提出“大道之行，天下为公……故人亲之不独，子之不独；使老有所终、壮有所用、幼有所长、寡孤独废疾者，皆有所养，皆得其所。……，谓之大同”的大同理论；墨子主张“有力者，疾以助人；有财者，勉以分人；有道者，劝以教人”的兼爱之心；孟子主张推己及人，提出“老吾老以及人之老，幼吾幼以及人之幼”；管仲提出民本主义的思想，都蕴含着丰富的社会救济思想，作为土生土长的中国学说，成为唐代社会救济理论的源头。

同时，我国自古以来就建立了一些社会保障制度，保障民生，免遭祸患，社会保障实践十分丰富。荒政、济贫、居养、优抚，都是建立在国家责任基础上的本土制度，千百年来从未中断过实践；家族与邻里的关怀，民间的慈善，都是建立在宗法基础上的非官方制度安排，有着互助的思想。比如，将传统孝道、尊老文化与家庭保障、国民福利相结合的老年人福利制度——王杖制，规定达到一定年龄的老年人享有相应的特权，其中社会地位高，物质待遇相应。周朝规定："家杖五十则，乡杖六十则，国杖七十则，朝杖八十则，九十则，天子欲问焉，则就其室以珍从矣。"① 到了汉朝，这一制度已成为一种成熟的国家体制。到唐代推行的赈灾、扶危、扶残、抚恤孤老等措施，都能在以往的社会救济制度中寻觅到身影，受到外来影响较小，基本上是在本土环境中，经过实践的历练、自我成长起来的，具有鲜明的本土化特征。

（2）唐代的社会救济法律制度呈现出以政府为主导、家国一体的特征

在西方，中世纪之前的社会救济几乎完全由宗教来承担，直到中世纪晚期，世俗政权才开始逐步进入，显示了在西方政府介入社会救济的事务是非常迟的。而在中国古代，社会救济也被视为是国家及政府的重要职责之一。早在商朝时期，国家机器尚不完善，生产力水平极低，有灾民、贫民等需要救济时，王室往往以巫术进行救荒、抚慰，文献记载"桑林祈雨"，讲述的是成汤年间，天降大旱，国王为祈求天帝降雨，不惜牺牲自己，在桑林中设置祭坛，以体现举国救灾的担当。至周代，国家政权日臻完善，救济灾民、抚恤将士、救助学子的国家担当体现出来。西周天子以下设六大官员，位列第二、掌管民政事务的地官司徒提出的社会救济政策是，"慈幼、养老、救贫、恤贫、宽疾、安富"以达到安养百姓的目的。此后，历代统治者都把救荒、济困、疗疾、抚孤等社会救济事务作为政府的一项重要职能，同时也体现了执政者的仁爱。

唐代以前，官方的社会救济活动已初具规模，但多是临时性的；唐代以来，在各州郡建立了各类固定的救济机构，处理日常事务；同时民间的社会救济活动也蓬勃发展。家国同构本是中国宗法社会的典型特征，即家庭、家族和国家在本质上是有共性的，可以说家庭的扩大与延伸构成了家

---

① 孔颖达：《礼记正义》，上海古籍出版社2008年版，第1179页。

族，家族的扩大与延伸构成了国家，而在不断的延伸之中，是以血缘、宗法为纽带进行维系的。在这种观念之下，政府如同家长，百姓如同家子，家长必须要对家子负责，家子之间也有义务进行一定程度的互助互济。在唐代的社会救济之中，即便是民间力量主持的慈善事业，也常常得到国家的支持与资助，从而具备了“官督民办”的性质，而其他一些救济机构及其救济行为之中，更是有官方的身影出现，其他都以官方宣扬的意识形态为主导，利用各种资源开展各种救济活动，进而补充了政府、社会救济事业的不足。这一点在唐代的社会救济法律制度之中有充分的体现。

（3）唐代的社会救济法律制度体现了上尊下卑的等级差异格局

中国社会历来有身份等级之分，自古就是建立在礼治基础上，讲究上尊下卑，身份不对等，形成了社会结构中的等级差异格局。费孝通对此所做的总结是，相对西方的法治之邦，中国是礼仪之邦，是以社会公认的行为规范来维系礼治社会，依靠尊卑之间等级差异的不断再生产，强调修身克己，缺乏平等观念，也不承认权利义务之间的平衡，形成了推己及人、以自我为中心的思维定式，最终通过人伦的纽带，形成了等级分明、上下有序的等级差异格局，而这种格局是以“官本位”为核心的，人们往往以官职的高低来作为自己的社会地位和价值的衡量标准，而其他行业也需要依靠“官”来得到承认；“官本位”的观念已经进入了全社会思想观念层面，并在法律上形成了一种严格的特权体系，并对后世形成较大的影响。中国古代的社会救济制度一直存在着阶级差异，虽然在历朝的社会救济制度中，对弱势群体的关怀一直被视为一项极为重要的内容来安排，但这种救济的程度表现得相对有限，与之形成鲜明对比的是官吏总是能享受更多的利益，官职越高，享受的待遇也越好，并且能够荫及家庭及其子孙后代。

（4）唐代社会经济法律的作用与官吏的执行情况紧密相关

唐代的社会救济法律制度已经形成体系，在赈灾、济困、抚恤将士等诸多方面，都有明确的规定，并要求各地实行，如果当地的政府官吏失职或者渎职，均会受到法律的制裁，所以当时的社会救济制度在保障人民生活、维护社会稳定上起到了重要的作用，但是这种作用发挥得并不稳定。

在初唐时期，社会救济制度实施伊始，运作状况一直很好，能够实现君主所期望的目标；但是至唐中后期，社会救济体系日益完善，法令法规的发布也日益增多，但其实施的成效并不尽如人意。这种结果的出现和官吏的行为有很大的关联，官吏廉洁，他们为民办事，社会救助体系可以有效地实施，其成效就会自然而然地体现出来；官吏腐败，将救济制度视为一纸废纸，乘虚而入，救济制度的成效就会微弱。

7.3　唐代社会救济法律制度的意义

唐代社会救济法律制度在唐代社会实行了二百多年，给当时的中国乃至周边国家留下了深刻的印记。作为法律制度，它与当时中国封建社会发展的情况以及社会秩序相适应，是唐代法律文化之中的一部分，体现了在当时社会发达的政治经济下的先进法律文化，也是中国传统法律文化中的重要组成部分。以《唐律疏议》为代表的唐代法律体系，以律、令、格、式作为法律的表现形式，其中法律和命令又占有重要的地位，以至于被称作“律令国家”。唐朝的法律体系深刻地影响了东亚的日本、朝鲜等国，由此形成了享誉世界的中华法系（Chinese Academy）。

唐代社会救济法律制度只是唐代法律制度的一部分，但它与其他制度一起发挥着积极推动唐代制度文明的作用，是唐代法律制度的重要组成部分。唐代法律制度一方面继承了传统的法律文化，对我国法律制度的历史发展起着赓续作用，另一方面也对五代十国时期及宋、元等朝代的社会救济法产生了重要的影响。宋朝的社会救济法很多是参考唐朝的社会救济法的，所以唐朝的社会救济法对于中国传统法律文化的贡献是不能忽略的。法律之所以有价值，是因为它对社会起到了实际的作用，当时法律的规定是如此精妙，在今天看来也是非常了不起的，如果没有这种法律规定，将会产生贫困、受灾人口不断增加，社会贫富分化严重，进而威胁社会秩序的稳定。

（1）在维护社会稳定方面功不可没

首先在抗灾济贫方面，唐代社会救济法律制度为当时的受灾人口提供了有力的物质上的保证，通过赈济、蠲免、移民就粟等手段保障了受灾人口的基本生存需求；并且建立了病坊等医疗机构，对病人进行必要的医疗救济；同时有各种的社会救济机构建立。这些唐代的社会救济制度，在缓解唐代的社会矛盾，稳定社会统治方面发挥了重要作用，唐代接近三百年的时间，先后经历了多次自然灾害、战争、藩镇割据等对中央政权的威胁，但其社会矛盾，始终没有空前激化过，农民起义相比历朝历代，次数与规模都较小，与宋代的农民起义不可相提并论。其主要原因就是唐代的社会救济做得较好，使得社会矛盾相对缓和，维护了社会的稳定。唐代的社会救济法律制度明确了对贫困以及受灾、生病人口的救济措施，对于如何分配物资、安置贫病人员、赈济灾民有明确的处置方法和程序，也为受救济人员提供了希望和动力。从救济对象的涵盖范围来看，包括了从病人到平民，从老人到儿童，从学生到军官，甚至到少数民族，除了较为富裕的阶层之外，社会各阶层各群体都在救济范围之内，体现了当时的唐代社会救济的进步性，已经初步带有公民权利的意味。从救济方式来看，除了官方的救济、还有各种形式的民间救济，如宗教团体的日常布施、病坊的建立、宗族内部的互助互济。救济项目上，唐代开始有了长平仓、义仓等仓储机构，各有不同的分工，在职能上也有了较为明确的界限。以上种种显示了在机构建设上的明显进步。在此之前历史上相关的此类机构较少，可以说中国古代社会救济的基本格局，在唐代开始初步形成，尽管其水平和规模相对来说并不是很高很强，但对后世的影响比较深远。

（2）唐代的社会救济法律制度为灾后社会生产的恢复创造了条件

在唐代，社会救济法律制度为社会生产的恢复创造了条件，在整个国家经济恢复与发展中起到了积极的作用，促进了唐代经济繁荣。因为唐代是典型的农业社会，灾荒的出现使得社会的运行秩序发生了混乱，并且强力破坏了人们正常的生活状态，出现衣食无法继续的情况。这种情况下，普通民众自然会采用一切手段去获取基本的生存可能，包括抢夺更弱者的粮食、衣物等违法行为，甚至包括对更弱者的掠夺杀害等行为，导致社会秩序的失衡与失态。所以唐代在贞观年间就开始设立了常平仓，目的就是在发生灾害的时候“公私并济、抑止并兼”，避免劳动力的大量损失。例如，贞观初年接连三年灾荒，粮食奇缺，当时一斗米的价格与丝绢一匹的价格相当，唐太宗下令开仓救灾，“分道赈恤饿人”①，每个灾民均能分到一定的粮食，使得在贞观四年农业生产就逐步走向正常状态，粮食价格恢复到正常水平。在救济的过程中，国家还制定了救济的标准，并制定了相应的制度。开元二十八年八月诏令：“应给贷粮，本州录奏。敕到，三口以下，给米一石；六口以下，给米两石；七口以下，给米三石，如给粟，准米计折。”详细规定了不同人口数量的家庭应该给予的救济粮食数量，以及米和粟如何折算的方法，使得灾民能够渡过难关。除了中央政府的救济之外，当地的官员也经常采取救济民众的措施。比如唐初的土门县令李大亮，就在受灾饥荒的时候把自己的马匹卖了，换成粮食分给了穷人，并让他们种地，得以实现来年的收成；高宗时，员半千在武陟郡任职，“年年干旱，饥寒交迫，劝县使殷子良为饥民打开粮仓”。子良拒绝，员半千趁着子良不在的时候，“分发粮草，以备饥民”。② 这些基层官员的做法，无疑是缓解粮食短缺，稳定社会的重要因素。

在这种情况下进行有效的社会救济，一是可以稳定和修复被破坏的社会秩序，二是可以为灾后的生产和恢复创造条件。否则，在灾民得不到有效救济的情况下，人力的损失会导致灾后的重建发生严重的困难。因此唐代在法典中规定：救济是为了具体工作能及时跟上生产力保存的需要，使得灾后的重建更加迅速。最主要的就是向灾民发放粮食，并把发放粮食作为灾荒救助的主要手段之一，这既是唐朝政府一贯所坚持和一贯所实行的社会救助政策，也是唐朝历代皇帝实行社会救济政策、促进社会稳定发展方面所作出的一个最重要、最直接的贡献。

（3）唐代社会救济法律制度也维护了政府对社会的控制

唐代重视社会救济的另外一个原因是在灾荒、贫困等诱因之下国家容

---

① 《册府元龟》《帝王部·弭灾》。

② 《册府元龟》卷七〇四《令长部·仁惠》，第8388页。

易失去对社会的控制，在这个意义上，社会救济就是恢复国家对社会的控制、维持国家治理社会能力的必要手段。国家控制社会的能力包括制度控制和思想文化控制，社会救济实际上就是软性社会控制，当大量的社会成员因为某些原因而无法生存时，救济这些人就是一个恢复正常社会秩序的纠偏过程。因为社会的正常秩序被灾荒等所打破、正常的生产无法继续的时候，社会就陷入混乱和不平衡，使得政府容易失去对社会的控制力。而通过社会救济，可以使得社会秩序在生产中得以恢复和延续，进而使不平衡的社会秩序恢复到正常状态。社会救济无疑是一种很重要的社会控制手段，甚至可以说比军队、监狱等暴力手段更加有效。反过来说，在缺乏社会救济的情况下采用强硬手段控制社会，往往会激化民变，削弱政权的基础，而不能持久维持统治。从这个意义上说，唐代特别重视社会救济是非常正确的。特别是当灾害发生时，往往采取一手救济、一手以工代赈的办法，其实质是通过减少硬性管制和增加软性管制来恢复社会秩序正常运行，尤其是以工代赈的方法，既消除了饥民的数量进行了灾后的重建，又加强了对灾民的控制，手段不可谓不高明。由于唐朝的社会救济有所建树，使唐朝社会的安全运行没有出现太大的问题，政府对社会的控制更加稳固，避免了社会失控情况的出现，所以唐朝才能逐步达到鼎盛。

（4）初步形成了中国传统社会多层次的社会救济体系

中国社会的救济思想、救济制度渊远流长，但其思想和制度的融合并形成一定的体系，应该说是自唐代开始。唐代形成了不同主体开展的社会救济体系，包括国家制定救济制度以及分配救济任务，地方政府对社会进行救济，民间慈善组织以及宗族在不同范围内进行一定的救济活动。形成了一种中央、地方、民间三种力量为主体的社会救济体系，它们在社会救济中的角色与功能既有联系，也有不同，呈现一定的层次结构。其中国家法令、皇帝诏敕处于最高的层面，对社会救济起着引导和规范作用。中央政府和地方政府是国家的代表，也是社会救济政策的执行者，代表国家承担着社会救济的职责。民间慈善机构与宗族组织构成了第三级的社会救济系统。一方面弥补了政府救济体系的缺陷，另一方面帮助政府的社会救济的组织与执行，扩大了社会救济的概念和目的，通过宗教信仰、血缘关系的联系，形成了民间的互助圈，成为社会救济体系之中最基层的一道保障线。它们通过某种特定的黏合剂，在运转中形成了一个有机的整体。以政府为主导的救济相对于民间慈善机构和宗族组织而言更具权威性，但民间慈善机构和宗族组织与政府之间又保持着某种合作关系，即它们既能对政府实施一定的监管，又能协助政府进行更有效的救助活动。社会救济过程中受到来自社会经济环境、政治环境乃至心理等多方面因素影响，这种情况下往往需要有一些中介或桥梁来连接这些因素与主体，传统社会救济体系中最为突出地体现出民间慈善机构和宗族组织在社会救济体系中起到非常重要的桥梁作用。

7.4 唐代社会救济法律制度的当代借鉴

时光悠悠，千年已逝。唐朝的救济法律制度和盛唐的文化遗产一样，随着时间的推移而湮没在历史中但不应被遗忘。虽然唐代与现代社会背景有着很大的差别，但文化底蕴未曾改变，思想一脉相承，唐代的社会救济制度可以为中国现代法律制度提供一定的借鉴。因为文化是有传承的，中国数千年的传统文化早已扎根于中国社会，如果要从传统中剥离出传统文化，重新开创新的道路，那是不现实的，也是不可行的。在我国的法律制度建设中既要防止因循守旧，也要防止完全的西化。某种意义上讲，现代化就是在传统与现代的碰撞中走出一条新的道路，不能把传统和现代对立起来，中国的传统文化有着独特的历史地位和价值。而且，从现代化的角度看，中国文化是世界上最具代表性和特色鲜明的文化之一。从现实角度看，西方国家也一直在吸收其他国家和地区的优秀成果，在现代化过程中形成了自己独特的法律体系和法律思想，并且对中国产生了深刻影响。其实，无论是西方文化还是中国传统文化，都有一些可以借鉴的地方，中国的现实状况是衡量中国现代化的重要因素，要实现中国现代化，既要引进西方发达国家的先进法制，又要继承中国传统的法制文化，两者缺一不可。我们要实现中国的现代化，就必须先要了解中国传统文化，了解中国现实生活的实际状况。在学习和借鉴西方文化和思想时，只有把两者有机地结合起来，才能充分发挥出自己民族的优秀传统文化的作用。唐律作为中国古代重要的法律文献之一，不仅具有其学术价值和研究价值，而且对我们今天通过依法治国来构建社会主义法治国家也有一定作用。唐代的社会救济法律体系对于现代中国具有重要的借鉴意义有以下几个方面。

7.4.1 现代社会救济要以传统文化为基础

中国的传统文化是以“人”为核心的，救济观念亦是如此。首先，在救济观上，中国传统的社会救济文化强调“民”，将救济作为一种最基本的社会关怀和民生问题来对待。如儒家曾提出：“民惟邦本，本固邦宁。”儒家“民本”思想在社会救济的观念中有重要地位，这一点可以从“仁爱”思想与“民贵君轻”的观念中看出。《论语·颜渊》有：“为政以德，譬如北辰，居其所而众星共”；又如《孟子·告子上》曰：“圣人无常心，以百姓心为心。善者吾善之，不善者吾亦善之，德善也。”

中国传统文化中的儒家思想在中国古代社会中一直是占主导地位的，并且它对我国的社会和经济生活都产生了深远影响。儒家思想有“仁政”的思想，它要求统治者为老百姓着想，关心百姓疾苦。这种思想在我国的封建社会中具有一定的历史地位。儒家思想中“民为贵，社稷次之，君为轻”，要求统治者要从人民利益出发，关心百姓疾苦。儒家的思想是我国传统文化中非常重要的一部分，也是长期以来中国古代人民的根本指导思想。而中国传统文化中的“德治”思想，不仅在当时成为统治者治国、平天下的理论依据，在今天仍然有其影响。就社会救济而言，古代社会的“德治”思想与当今“和谐”社会所提倡的精神是一致的。传统德治思想既强调人与人之间和谐相处，也强调人与自然和谐相处。儒家认为“天人合一”，即人与自然的统一。人是自然界的一个组成部分，人类生活在自然环境中，自然对人类具有很大影响。人类要生存、生活就必须同自然和谐相处，只有这样才能保障人类社会的正常发展，因而“天人合一”也是儒家“礼”思想的重要内容之一。

中国传统社会救济体系以政府为主，民间力量为辅，多途径进行社会救济。其中，不仅有官方和民间组织的救灾活动，还有官府和民间组织之间的合作活动。由于官办组织与民间组织之间在性质上存在着一定的差别，因此在中国传统社会救济中，官办组织和民间组织两者之间的分工与合作问题值得研究。在传统社会救济中，政府通过行政权力对赈灾过程实施控制；而民间组织则主要通过开展多种形式的赈灾活动进行救助。中国传统社会救济中，官办组织与民间组织之间有很密切的合作关系，这种合作关系主要表现在政府通过行政权力直接介入救灾工作并实施控制，如设置常平仓、社仓等以实现对救灾过程的有效控制；而民间组织则在政府指导下广泛开展救灾活动，如义赈、义卖等。这种合作关系是由两者在性质上的差别所决定的。政府以行政权力对赈灾过程进行控制，而民间组织则以其民间性、公益性、自愿性来参与赈灾活动，两者之间是一种相互补充、相互协调的关系。官民合作、官民互动这一特点在传统社会救济体系中体现得比较突出。

当今世界各国的社会救济制度，都是建立在自己的国情基础之上的，没有一种模式是能够适合各国的统一模式。而且各国的模式不断发生变化，这个时期选择这种模式，另一个时期可能选择另一个模式。因此我国现在的社会救济制度，也要根据国情的特点，不能生搬硬抄别国模式。

7.4.2 健全的法律制度是社会救济实施的基础

社会救济立法的目的就是要最大限度地保障社会弱势群体的基本生存，社会救济不仅是经济的问题，更是一项政治、文化问题。社会救济制度是现代文明社会中一个重要而敏感的问题，要使我国的法制建设沿着正确的轨道发展，必须按照中国特色社会主义法律体系所具有的法律普遍原则和基本精神，做到有法可依、有法必依。

在这方面，唐代法律制度为我们提供了宝贵的借鉴和启示。唐代社会救济制度的健全，有赖于完善的法律制度，其通过一系列的法律和政策，明确了政府的职责和义务，规范了国家救助和社会救济的方向和范围，确保了救济的程序和内容。内容包括：对政府职责和义务方面、国家救助与社会救济方面、救济程序与救济内容方面。政府职责和义务方面主要包括：①地方各级行政长官作为国家行政机构的长官，对中央政府负责，并有管理和监督救灾工作的责任；②中央及地方各级官员应积极从事救灾工作；③有权在必要时参与救灾工作，如参与赈灾的指挥、调动、监督；对灾民发放“赈济钱”“米”以及当地的治安维护等内容。

救济程序与救济内容方面，唐朝政府制定了救济的程序和内容，如救助标准、救助范围、救助期限等，这些内容有助于确保救助的公正性和透明度。主要包括：①发生灾荒时由地方政府报请中央处理；②地方官员应认真负责地进行救灾工作并及时上报结果；③中央应派出专门工作组对灾区进行调查和安抚；④对受灾地区的灾民应发放“赈济钱”“米”等实物救济或减免部分赋税。对受灾地区的灾民进行救助时，还有如下要求：在赈灾过程中要严格执法、避免不合理的经济行为和贪污行为的发生，如不得随意减少救济物资和增加救济物资的价格或变相提高价格；灾区各地的官府和官员应负责救助灾民、恢复生产、安顿灾民，不得擅自收取或克扣灾民所得到的救济物品和粮食等。

7.4.3 完善的救助机构是社会救济工作开展的载体

唐代不仅设立了中央的救助机构，还设立了地方的救助机构，尤其是灾害救济，更是救济中的重中之重。而这些社会救助机构之间相互配合，又能够进一步提高对灾民和流民等弱势群体的救助力度。为了更好地保障灾民、流民等弱势群体的基本生活，唐朝统治者还根据灾区面积以及地理位置的不同，设立了多种救助机构，其中以州县中设置最为普遍。而这些救助机构在设立时的主要任务，就是对需要救济者进行救济。唐朝在救灾上除了运用官府的救济手段外，还特别重视民间组织的救助。在唐朝，不仅官府设立了官方的救助机构，民间组织也积极加入到社会救济之中。社会救济的实施，不仅需要国家行政机关的有力保障，也需要民间组织和个人的积极配合。随着唐朝社会经济和政治发展不断得到完善和发展，最终形成了一套较为系统的社会救济体系，并且从法律上保证了这些社会救助机构的正常运转。同时这些社会救助机构中所推行和实施的赈灾措施也非常完善和有效。唐朝统治者通过这一系列的政策和措施，能够最大程度地满足灾民和流民所需要的基本生活需求，对于稳定当时社会环境具有重要意义。在当时已经形成了一套相对完善的社会救济体系，保障了社会经济以及政治发展。

今天的社会救济之中，在建立政府主导下的多元化救助体系过程中，要特别注意发挥民间力量对社会救济工作的推动作用。对于政府和民间的救助机构要更加合理地进行分工，从而提高救助效果。增强救助机构之间的相互配合，保证社会救助政策的有效实施。社会救济是一个非常复杂、庞大的工程，在具体实施过程中不可能只依靠政府职能部门，而是需要充分发挥民间力量。对于社会救济体系的建立要遵循“政府主导、民间参与”这个原则，只有政府和民间相互配合，才能更好地保障民生问题，使整个社会救济体系更加完善。同时，还要在救助机构之间进行协调配合，这样才能使整个社会救济体系实现协调发展。当然，我们在借鉴历史经验时不能全盘照搬照抄，要根据国情进行创新和改革，只有通过不断学习和借鉴历史经验才能在今天为社会主义事业的建设贡献力量。

7.4.4　有效的监督制约机制和完备的法律责任制度是社会救济工作有效执行的保障

唐代社会救济工作在制度设计上主要是通过国家权力对地方社会救济机构进行有效监督，并确保各项政策措施得到全面落实。在唐代社会救济的整个过程中，中央和地方都承担了大量的社会救济工作，中央政府不仅要管理地方财政，还要负责执行国家政策，实施社会救济工作。为了确保各项政策能够得到有效落实，唐代建立了中央和地方两级的监督体系。中央实行监察制度，对地方进行监督和管理；地方实行巡视制度，通过巡视来了解各级政府的社会救济工作开展情况。中央和地方监督体系互相配合、相互制约，形成了一套较为完整的监督机制，保证了社会救济工作有效执行。具体而言，唐代的社会救济政策由政府主导实施和制定。中央监察机构（御史台）来负责监督地方政府；地方设立以刺史为代表的监察机构，对中央下达的指令进行检查和评估；州县则设立由刺史、县令等人组成的督察机构，对地方的社会救济工作进行指导和监督。为了避免官员在执行过程中滥用职权，唐代要求地方官员在上报信息时必须详细说明救助对象和救助标准；如果没有做到这一点，相关官员就会受到相应处罚。

此外，唐代还建立了严厉的惩罚制度。为了保证社会救济工作有效执行，唐代制定了严格的法律责任制度。例如，《唐律疏议》对拒不执行、隐匿不报、擅自变更等行为规定了相应的法律责任；《唐六典》则规定了对相关责任人的严厉处罚。唐代中央监察制度的建立，一方面是为了适应当时社会发展需要，另一方面是为了保证国家各项政策的有效落实。唐代中央监察制度的具体内容可以概括为三个方面：一是监察机构独立设置；二是监察机构职能明确；三是监察人员素质较高。在具体机构设置上，唐代设立了御史台、都察院等专职的监察机构。御史台作为国家最高监察机关，负责对全国官吏进行监督，同时对皇帝的决策进行监督。御史台独立于其他政府机构之外，不受其他行政机关的指挥，具有一定的独立性和权威性，可以更好地发挥监察职能。御史台主要在皇帝授意下开展工作，并不受其他行政机关的指挥，唐代中央监察制度建设已经比较完善了。为了更好地发挥中央监察职能，唐代还建立了“谏官”制度。谏官是皇帝对官员进行监督和考察的重要渠道。

巡视制度是唐代对地方工作监察的主要形式，一般以刺史作为最高监察官员来监督地方政府。从史料记载来看，唐代地方刺史的主要任务包括：一是巡查辖区内的社会救济工作；二是了解辖区内的治安状况，从而来加强地方治安工作；三是视察辖区内的工程项目，并负责督促其执行。地方刺史在巡视过程中发现问题时，可通过上书或者直接向中央报告的方式来处理，也可以将这些信息上报给上级主管部门。如果相关部门能够按照信息内容执行，那么就能避免发生腐败现象；如果相关部门不能按照信息内容执行，那么就会对当地官员进行惩罚。除了监督地方政府外，刺史还负有巡视当地百姓的职责，百姓对地方政府的态度能够反映出当地的社会救济工作情况，刺史通过巡视百姓的态度来了解其对社会救济工作的态度和看法，从而可以更好地促进社会救济工作顺利开展。

唐代对于地方官员在执行社会救济工作的过程中存在的失职行为会进行严厉处罚。首先，《唐律疏议》中规定了社会救济工作中相关官员失职的惩处规定。其中对于基层官员玩忽职守、不认真履行社会救济工作职责的情况，规定了不同处罚措施：对基层官员擅离职守行为将处以“杖八十”的严厉惩罚；对基层官员隐匿不报、擅自变更救助对象和标准等行为也要处以“杖一百”的严厉惩罚；对于基层官员克扣、挪用物资等行为也要处以“杖一百”的严厉处罚。其次是唐代对于地方各级官员贪污舞弊的惩处规定。如果发现地方官员贪污舞弊等行为，不仅要追究他们的责任，而且会加重对他们的惩罚措施。除了《唐律疏议》中规定的处罚措施外，唐代还制定了相应的处罚细则。如果地方政府有官员利用职权侵吞物资、以权谋私等情况发生，都要承担相应责任；如果发现地方政府工作人员在社会救济工作中出现贪污、徇私舞弊等行为，就要追究他们的刑事责任。最后是对于相关责任人的严厉处罚。《唐六典》中规定了对社会救济工作中失职行为相关责任人进行严厉处罚。针对不同情况，唐代制定了不同法律责任：如果地方官员对社会救济工作存在隐瞒、谎报或者玩忽职守等情况时，就要承担相应责任；如果发现地方官员存在贪污舞弊等情况时，可以将其撤职查办。此外，在唐代还出现了针对社会救济工作中失职行为的专门刑罚制度：如果地方政府出现严重失职行为，将会被处以极刑；如果出现对救助对象实施家庭暴力行为也要被判处刑罚。总的来说，唐代建立了一套较为完备的法律责任制度保障社会救济工作顺利开展。

纵观唐代的社会救济制度，针对我国现在的社会救济，本书认为应当建立有效的监督制约机制和完备的法律责任制度。首先，应该建立专门的监督机构，将政府和民间的监督力量有效整合起来，通过完善相关法律法规，细化和规范各项具体工作流程，确保社会救济工作能够严格按照流程进行，并且由专门的人员负责。其次，应该加强社会救济工作的宣传力度，让民众意识到社会救济工作的重要性、必要性，从而自觉参与到社会救济工作中。同时还要建立相关奖惩制度和责任追究制度，对社会救济工作中存在的问题及时纠正和处理。另外，还需要建立完善的法律责任机制，明确相关主体在社会救济工作中的责任。

总之，当前我国社会救助体系已经基本完善。在以后的发展中应当继续借鉴唐代社会救济工作的先进经验和做法，以确保我国社会救助工作能够高效率、高质量地执行下去。当然并不是说我们必须照搬唐代社会救济工作中成功的经验和做法，而是要结合当前我国实际国情进行优化调整。

7.5 在弘扬中华民族优秀文化的基础上建立具有中国特色的救济体系

7.5.1 由“仁政”“德治”思想入手，积极开展社会救济工作

在中国文化传统中，“仁政”和“德治”一直是统治者治理国家和社会的重要思想。在《尚书·泰誓》中，就有“今余为德，不可为政”的名句，表达了治国之道必须以德为先的思想。而在《论语》中，则有“仁者爱人，人恒爱之”的名言，强调了仁爱之心对于统治者和社会的重要意义。这些思想在唐代的社会救济制度中也得到了充分体现。借鉴唐代经验，我们应该从“仁政”和“德治”思想入手，积极开展社会救济工作，建立具有中国特色的救济体系。首先，以“仁政”思想为指导，确立国家的责任和义务。在唐代，政府承担了很大的社会救济责任，采取了许多措施保障社会弱势群体的基本生存，如设立官府救济、福利院、官田赋役和赈济财源等。这些措施都是基于“仁政”思想而制定的，表达了统治者对

于民众的仁爱之心。在现代，我们也应该秉持“仁政”思想，让政府承担更多的社会救济责任。政府可以通过制定和完善社会保障法律法规，确立社会救济的范围和标准，落实政府救助、社会救济和慈善救助等多种形式的救济措施，使广大弱势群体能够得到及时帮助。其次，要以“德治”思想为基础，促进社会公德和个人道德的提高。唐代政府通过儒家经典教育来弘扬儒家思想，倡导“德治”，推崇道德品质，培养公德观念和个人责任感，这在当时的社会救济制度中起到了重要作用。现代社会，人们的道德观念和道德品质也同样是建立救济体系的重要基础。因此，我们应该加强道德教育，从儒家经典中汲取启示，让社会公德和个人道德得到提升，进而形成对弱势群体的救济。同时，社会组织、企业和个人也应该积极参与社会救济工作，倡导公益慈善，树立社会责任意识，发挥自身力量，为弱势群体提供必要的帮助。

7.5.2　建立覆盖全民的社会救济保障体系，是中国特色救济体系建设的重要基础

在现代社会，建立一个完善的社会救济保障体系已经成为了维护社会公正、促进社会稳定和增进人民福祉的重要举措，社会救济是国家对弱势群体的关心和保障的体现。在这样一个庞大的社会体系中，各个部门和机构的紧密合作以及全社会的共同参与是必不可少的。社会救济的保障体系应该包括社会保险、社会救助、医疗救助、残疾人福利、低保等多种形式的救济措施。其中，社会保险是指在特定条件下，个人和企业缴纳一定的费用，以获取在未来某个时期得到一定的保障和补偿。社会救助是指对于没有缴纳社会保险或者其他原因导致无法获得社会保险的人，为其提供必要的生活和医疗救助，以保证其基本生存。医疗救助则是指为了减轻患者的经济负担和提高医疗服务水平，国家对特定的医疗项目和药品给予一定的经济补贴。残疾人福利则是为了保障残疾人的基本权益，提供必要的生活保障、康复帮助和职业培训等服务。而低保则是为了对特定贫困人口提供生活保障，防止因为贫困而失去基本的生活能力。建立覆盖全民的社会

救济保障体系，需要政府、社会组织和企业等各方的合作。政府应该制定完善的社会保障政策和措施，确保社会救济的基本保障，同时，政府还应该建立相应的监管和评估机制，确保社会保障措施的质量和效果。社会组织则可以发挥自身的优势和力量，为弱势群体提供必要的救助和帮助。企业则应该积极参与社会保障体系的建设，为员工提供必要的保障和福利，同时也要履行社会责任，为社会贡献力量。

为了确保社会保障体系的全面覆盖，我们还需要制定合理的政策和措施，以满足不同人群和地区的需求。首先，对于贫困地区和贫困人口，政府应该加大对其的支持力度，这包括提高低保标准、发放生活补贴、提供免费医疗服务等。此外，政府还应该鼓励社会力量积极参与扶贫工作，帮助贫困地区和贫困人口摆脱贫困。其次，对于失业人员和退休人员，政府应该建立完善的社会保险体系，包括失业保险、养老保险、医疗保险等。此外，政府还应该加强职业培训，提高劳动者的就业能力和竞争力，帮助他们重新就业。同时，政府还应该重视残疾人的福利保障工作。除了加大对残疾人的经济援助力度，还应该加强对残疾人的教育、就业、康复等方面的支持，为他们提供更好的生活保障和发展机会。最后，为了确保社会保障体系的可持续发展，政府还应该制定长远的规划和措施。这包括加强财政预算管理，优化税收体系，增加财政投入等。同时，政府还应该加强对社会保障体系的监督和评估，确保各项政策的实施效果和公平。

总之，建立覆盖全民的社会保障体系是一个长期而艰巨的任务，需要政府、社会各界和每一个公民的共同努力。只有通过不断的探索和实践，我们才能建立一个更加公平、更加包容的中国特色救济体系，让每一个人都能享有基本的生活保障和尊严。

7.5.3 创新救济模式，提高救济的效率和质量

随着科技的不断发展和社会进步的不断推进，救济模式也需要不断创新和完善，以提高救济效率和质量。为了更好地满足弱势群体的救助需

求，我们需要采取多种措施，使救助更为直接、高效、可持续。在这一过程中，科技手段和社会组织的参与可以发挥重要作用。首先，利用现代科技手段可以提高救助信息的获取和传递速度，减少救助过程中的中间环节，使救助更为直接和高效。现在，随着互联网、大数据和人工智能等科技手段的发展，我们可以采用在线平台、移动应用程序等方式，使救助信息能够实时传递和更新，便于政府和社会组织及时了解弱势群体的需求，提供更加精准的救助服务。同时，可以利用人工智能技术对救助对象进行分类和筛选，从而更好地实现针对性救助，提高救助的效率。其次，鼓励社会组织和志愿者的参与，组织志愿者服务团队，开展各种形式的救济活动，帮助弱势群体解决实际困难。社会组织和志愿者是救助工作中不可或缺的力量，他们可以通过各种渠道了解弱势群体的实际情况，并为他们提供必要的救助和帮助。政府应该积极鼓励和支持社会组织和志愿者的参与，为他们提供必要的资源和条件，从而提高救助的质量和效果。此外，我们还可以探索与企业和社会力量合作，建立社会救助基金和慈善救助基金，吸引更多的社会力量投入救济工作。随着社会经济的不断发展和企业社会责任意识的增强，越来越多的企业和社会力量开始关注弱势群体的生存和发展问题。政府应该积极引导和支持企业及社会力量参与救助工作，鼓励他们建立慈善救助基金和社会救助基金，为弱势群体提供更加可持续的救助支持。

在救助工作中，社会组织和志愿者的参与也非常重要。社会组织和志愿者可以提供更个性化和具体的帮助，以帮助受助者摆脱困境，增加他们的生存和发展机会。社会组织可以协助政府机构制定和实施社会救助政策，并且也可以在具体执行过程中提供重要的支持和帮助。这些组织还可以通过开展各种形式的培训和宣传，提高公众的意识和认识，促进更多人参与救助工作。志愿者可以参与到具体的救助工作中，直接帮助受助者解决实际困难，他们可以在社会救助机构工作，也可以在社区、学校等地方开展志愿服务活动，以提供更多的服务和支持。

除了社会组织和志愿者的参与外，企业和社会力量的合作也是建立社会保障体系的重要途径之一。企业可以通过捐赠社会救助基金和慈善救助基金等方式，为社会救助事业提供资金和物资支持。在与政府和社会组织合作的过程中，企业还可以提供专业技术和管理经验，以提高救助工作的质量和效率。社会力量也可以通过各种渠道参与救助工作，为弱势群体提供更多的帮助和支持。需要注意的是，这种合作必须要建立在互信、共赢的基础上。政府、企业、社会组织和志愿者应该在合作中遵循相互尊重、平等协商、公正合作的原则，充分发挥各自的优势和特长，共同推进社会救助事业的发展。

总之，建立覆盖全民的社会保障体系，是构建中国特色救济体系的重要基础。我们应该在政策设计、制度建设、创新救助模式等方面下更大的功夫，为建立健全社会保障体系贡献力量。政府、企业、社会组织和志愿者应该齐心协力，共同为弱势群体提供更多的帮助和支持，促进社会公平正义的实现，让每一个人都能够享受到社会保障的权利和福利。

7.5.4 建立有效的监督制约机制和完备的法律责任制度

建立具有中国特色的救济体系，还需要建立有效的监督制约机制和完备的法律责任制度。这些机制和制度应该从政府、社会组织、媒体和公众四个方面入手，确保救济工作的公正、透明、规范和有效执行。政府应该加强对救济资金的管理和监督，建立救济项目和资金的评估机制，确保救助资金的合理使用和救助措施的质量。同时，应该建立政府救助工作的公开透明制度，让社会公众可以监督和参与救助工作，确保救助工作可持续。社会组织也应该发挥监督作用，通过社会监督、评估和反馈机制，对政府救助工作进行监督和评价。社会组织可以帮助政府完善救助制度和机制，提出改进建议和意见，确保救助工作能够真正服务于弱势群体的需求。媒体也应该发挥重要作用，通过对救助工作的报道和监督，推动救助工作的公开透明，引导社会舆论，让救助工作更加受到关注和重视。同时，媒体应该加强对救助工作的舆论引导，消除救助工作中的偏见和误解，树立公正和平等的价值观念。公众也应该参与救助工作的监督和评价，通过投诉和反馈机制，向政府和社会组织反映救助工作中的问题和困难，推动救助工作的不断改进和完善。

此外，建立完备的法律责任制度也是建立中国特色救济体系的必要条件。应该加强对救助工作的法律监管，建立违法行为的举报和处罚机制，确保救助工作的规范和有序进行。对于救助工作中的违法行为和腐败现象，应该追究相关人员的法律责任，维护救助工作的公正和权威。在建立监督制约机制和完备的法律责任制度的过程中，应该注重制度的适应性和灵活性，根据不同地区、不同群体的实际情况，建立相应的监督和法律制度，确保救助工作的针对性和有效性。为了建立有效的监督制约机制和完备的法律责任制度，我们需要从多个角度入手，建立起一系列制度和措施来确保救助工作的公正、透明和有效执行。首先，政府应该加强对救助资金的管理和监督，建立救助项目和资金的审批制度、分配制度和使用制度，确保救助资金的合理分配和有效使用。同时，应该建立救助对象的申请和审核制度，确保救助对象的真实性和需要性。政府应该加强对救助工作的监督和考核，建立救助工作的质量评估和绩效考核制度，对不合格的救助工作实行问责和惩处。其次，社会组织应该参与救助工作的监督和制约。社会组织可以开展救助工作的监督和评估，对救助工作的质量和效果进行评估，提出改进建议和意见。同时，社会组织还可以建立救助工作的举报机制，对违规和不当的救助行为进行举报和投诉，确保救助工作的公正和透明。再次，媒体可以发挥监督和舆论监督的作用，对救助工作进行跟踪和报道，揭露不当和违规的救助行为，促进救助工作的公开和透明。最后，公众应该参与救助工作的监督和制约，可以通过网络、媒体等渠道对救助工作进行监督和评价，提出意见和建议，促进救助工作的改进和提高。在建立监督制约机制和完备的法律责任制度的过程中，应该注重制度的适应性和灵活性，根据不同地区、不同群体的实际情况，建立相应的监督和法律制度，确保救助工作的针对性和有效性。同时，应该加强法律责任的制约和惩处力度，对不当和违规的救助行为进行严肃查处，保障救助工作的公正和透明。建立有效的监督制约机制和完备的法律责任制度，是建立中国特色救济体系的重要基础之一，政府、社会组织、媒体和公众应该共同参与。

7.6 本章小结

中国特色救济制度的目的在于保障基本的生存权和发展权。这是中国特色救济制度的根本宗旨，也是国家的宪法法律所规定的基本权利。制度的建立和完善，可以确保每个人都能够享有基本的生存和发展权利，特别是对于那些生活困难、处于弱势地位的人群，可以提供必要的帮助和保障，让他们有更好的生活条件和更多的发展机会。

中国特色救济制度的目的在于促进社会公平和正义。中国特色救济制度通过发挥救济的作用，可以减少社会不平等现象的产生，提高社会公平和正义的水平，让每个人都能够在公平的环境下实现自我价值。

中国特色救济制度的目的在于推动社会和谐稳定的发展。在社会转型期，社会矛盾和问题层出不穷，而中国特色救济制度可以通过帮助那些生活困难、处于弱势地位的人群，缓解社会矛盾和问题，促进社会和谐稳定地发展，为经济的快速发展提供社会保障。同时，也可以增强人民群众的归属感和认同感，推动国家的凝聚力和稳定性。

综上所述，中国特色救济制度的目的在于保障人民基本的生存权和发展权，促进社会公平和正义，推动社会和谐稳定的发展。这一制度的建立和完善，对于促进中国的社会发展和经济繁荣具有重要的意义。

结论与展望

本书在一定程度上弥补了目前中外学者对唐代社会救济法律制度研究的不足，系统研究了唐代社会救济的主要法律制度，分析其形式和内容，阐明其特点并论述其对当代中国的启示意义。概而言之，本书结论如下：

①唐代是中国封建社会发展的鼎盛时期，社会进步，经济发达，统治者继承了中国传统文化之中的“仁政”思想。通过历代统治者的不懈努力，逐步形成了体系化的唐代社会救济法律制度。这些法律制度涉及养老扶弱、灾荒救济以及社会之中的精英阶层包括官吏、学子和士兵的优待和抚恤等一系列活动的管理规范。唐代社会救济法律是符合当时客观需要的重要管理制度。在唐代前后不同的历史时期，社会救济法律制度因经济实力有所变化，但其所维护的社会仁政理念、社会公平、匡扶老幼等理念和基本功能并未改变。

②唐代政府对社会救济的管理是细致而严格的。虽然唐代的社会救济法律形式较为分散，体现在律、令、格、式等各种法律形式之中，但其内容广泛，规范着社会救济活动的每一个环节。唐代社会救济的管理机构数目较多，有不同的层级，但其设置与运行，都在法律中有明文规定。唐代社会救济法律制度根据其内容，可分为社会救济主体管理法律制度、灾荒救济法律制度、对弱势群体的救济法律制度、对特定人群的救济法律制度。唐代政府设立了中央和地方的社会管理机构，它们的职责和权限都有明确的规定。灾荒是唐代社会救济的一个重要方面。总的来说，唐代社会救济的法律制度非常完善，涵盖了各个方面。这一制度的制定和发展，为唐代的社会和谐、稳定做出了积极贡献。

③唐代社会救济法律制度是一个非常完善的体系，主要形式是国家成文法，同时还伴随着民间惯例的影响和作用。首先，唐代社会救济的国家成文法主要有律、令、格、式等形式。这些法律的形式都非常正式，它们由国家颁布，具有强制力。这些国家成文法的制定和颁布，可以确保社会救济活动的顺利开展，也能够对于违规行为进行严厉的惩罚，从而保证社会秩序和稳定。本书中引用的唐代社会救济法律的主要官方来源于《唐律疏议》《唐六典》等法律文本和《新旧唐书》等官方典籍，以及日本学者的一些记载如《唐令拾遗》。然而，仅仅依靠国家成文法是不够的，因为法律的实施和执行需要得到民众的支持和遵守。因此，在唐代社会救济法律制度中，民间惯例也发挥着重要的作用。民间惯例通常是一些非正式的规则和惯例，它们是由人们在长期实践中形成的，具有广泛的适用性和可行性。在唐代社会救济中，民间惯例主要体现在宗族之中的救济惯例以及在唐代寺庙的救济惯例。宗族救济由同族的人员组成，以共同管理祠堂、土地的事务为纽带，在灾荒时期向宗族成员提供粮食、衣物、医药等救助，在平常时期进行各种慈善活动，如救济贫困族员、建立学校等公益设施。宗族成员的联合和互助，在国家救济措施覆盖不到的范围内，成为当时宗族成员自我保护和救济的重要手段。佛教在唐代得到了广泛的传播和发展，佛教寺院也成为唐代社会救济活动的重要场所。佛教寺院不仅可以向信众提供精神上的安慰和指导，还可以向贫困者和流民提供物质上的帮助，如开设斋堂、济贫院、医疗院等慈善机构。佛教寺院之所以能够开展这些社会救济活动，与其丰厚的经济基础有关。唐代佛教寺院拥有大量的土地、房屋、金银财宝等财产，并且享受免税或减税等优惠政策。同时，佛教寺院还受到皇帝和士大夫阶层的赞助和捐赠。此外，佛教寺院开展社会救济活动也符合其宗教信仰和道德观念。佛教主张慈悲为怀，普度众生，并且认为行善积德可以获得功德回报，在来世得到解脱或转生于天上人间。除了宗族救济和寺庙救济之外，唐代还出现了一些个人或集体的民间捐赠行为。这些捐赠者通常是有钱有势的士大夫，目的是显示自己的仁义或名声，并且在公开场合宣扬自己的善行。这种捐赠的作用体现了民间社会对社会救济问题的关注，也增进了社会和谐。

④唐代社会救济法律在维护社会秩序及社会公平方面功不可没。首先，唐代社会救济法律制度保障了社会的基本秩序。在唐代社会中，因为生产力水平不高，自然灾害和战乱等因素的影响较大，人们的生活非常不稳定。这时，如果没有一个健全的社会救济制度来保障人民的基本生活需要，社会秩序就会受到严重的伤害，人们的生命和财产安全也会受到极大的威胁。唐代社会救济法律通过建立完善的制度和规范，保障了人民的基本生活需要，维护了社会的基本秩序，防止了社会动荡和不安。其次，唐代社会救济法律促进了社会的稳定和繁荣。在唐代社会，一个人陷入困境，如果没有及时有效的救济措施，他就有可能陷入更深的困境，失去生存的基础，这将不利于社会的稳定和繁荣。唐代社会救济法律通过对灾荒救济、弱势群体救济、特定人群救济等方面的规定和制度，确保了每一个人都能够在困难时得到必要的帮助，保障社会的稳定和繁荣。再次，唐代社会救济法律促进了社会公正和公平。在唐代社会中，人们之间的财富和机会分配非常不均，一些人因为贫困和弱势地位而难以获得公正的待遇，唐代的社会救济法律为这些人提供了保护和帮助，从而维护了社会的基本秩序和稳定。有效缓解了社会的贫富差距和阶级矛盾。根据唐代法律，国家和地方政府必须设立救济机构，为受灾难、贫困和残疾的人提供帮助。这些机构提供食物、衣服、住宿、医疗等基本生活物资和服务，以确保这些人基本的生活需求得到满足。这些救济措施的实施，缓解了社会的贫富差距，降低了社会的不平等程度，从而减少了社会的阶级矛盾和动荡。最后，唐代社会救济法律对于特殊群体的保护，维护了社会的公正和稳定。根据唐代法律，孤儿、老弱、残疾人和妇女等特殊群体应该得到特殊的保护和照顾。此外，唐代法律还规定了特殊群体的权利和义务，禁止歧视和虐待他们。这些规定保护了特殊群体的权益，确保了他们得到公正的待遇，同时也防止了他们的权益受到侵害，从而维护了社会的公正和稳定。还能够增强人民对政府的信任与支持。这些制度规定等体现了唐代政府和人民对于社会公平正义的追求和关注，也为后世的社会救济工作提供了有益的启示和借鉴。

⑤唐代社会救济法律制度对后世的封建社会产生重要的影响。唐代统

治者将社会救济视为国家责任，强调政府对弱势群体的关怀与保护。这种观念对后世封建社会的法律制度产生了重要影响，使得后世国家对弱势群体的保护与救助更加重视；国家提供救济资源、制定救济政策、设立官方药局，为特定人口提供医疗服务。通过以上救济政策，政府还对药物价格进行监管，确保药物价格公平合理，让贫困人口能够负担得起医疗费用，在保障弱势群体的权益、减轻社会矛盾、维护社会稳定方面发挥了重要作用。这些政策体现了唐代政府对人民福祉的关注，为后世封建社会的社会救济制度发展奠定了基础。同时，唐代社会救济法律制度实现了国家与民间救济的有机结合，为后世封建社会提供了宝贵的经验。后世政府在继承唐代国家救济政策的基础上，进一步发挥民间力量，共同为弱势群体提供救助。而且唐代社会救济实现了国家与民间救济的有机结合。这些影响体现在救济政策的传承和发展、弱势群体权益保障的理念传承、救济机构的设立和完善以及国家与民间救济的有机结合等方面。这些影响对于维护后世封建社会的稳定与和谐发挥了作用，宋代的社会救济立法在唐代立法的基础上，内容更加完善，救济手段更加多样化，如宋代规定，“诸州县官或有支拨，或有不足，则先令量支”；明代规定，“诸监临官及州县官吏，其临赈所需用之粮，准令部拨与支用。其赈济之米，准令各府、州、县支给”，都是在唐代规定基础上制定的。

⑥唐代的社会救济法律制度对当今中国的法制建设有重要的借鉴作用。我国当代社会救济法律在一定程度上继承了唐代的社会救济法律。其在价值取向、国家立法管制、调整对象皆有相似的地方。由于古代与现代的区别，目前我国的社会救济法律相比之下更加系统化和完整、更具普遍性和包容性、更关注人权的保障、更具有针对性和前瞻性。

总而言之，唐代的社会救济法律制度在当时社会条件下已经较为发达，体现了唐代政府对弱势群体的关爱和责任，以及对社会公平与正义的追求。唐代社会救济法律制度的发展不仅促进了社会和谐与稳定，还为后世法律制度的发展提供了宝贵的经验和借鉴。在当今中国法律制度建设中，我们可以从唐代社会救济法律制度中汲取有益的思想和方法，以更好地保障弱势群体的权益，实现社会公平与正义。

参考文献

一、古籍

［1］（唐）长孙无忌：《唐律疏议》。

［2］（战国）庄周：《庄子》。

［3］（宋）欧阳修、宋祁：《新唐书》。

［4］（汉）司马迁：《史记》。

［5］（汉）班固：《汉书》。

［6］（晋）陈寿：《三国志》。

［7］（东汉）郑玄：《周礼注疏》。

［8］（唐）魏徵：《隋书》。

［9］（清）董浩：《全唐文》。

［10］（唐）李隆基：《唐六典》。

［11］（后晋）刘昫：《旧唐书》。

［12］（宋）王溥：《唐会要》。

［13］（唐）韩愈：《韩昌黎集》。

［14］（唐）元稹：《元稹集》。

［15］（唐）吴兢：《贞观政要》。

［16］（唐）玄奘：《大唐西域记》。

［17］（宋）宋敏求：《唐大诏令集》。

［18］（宋）王钦若：《册府元龟》。

［19］（唐）张鷟：《龙筋凤髓判》。

［20］（宋）司马光：《资治通鉴》。

[21]（唐）杜佑：《通典》。

[22]（宋）李昉：《太平广记》。

[23]（清）陆心源：《唐文拾遗》。

[24]（唐）张鹜：《朝野佥载》。

[25]（唐）李肇：《唐国史补》。

[26]（唐）吴兢：《贞观政要》。

[27]（清）徐松：《宋会要辑稿》。

[28]（宋）窦仪：《宋刑统》。

[29]（宋）李焘：《续资治通鉴长编》。

二、专著

[1] 国家文物局古文献研究室等编：《吐鲁番出土文书》（1－10册），文物出版社1987年版。

[2] 任继愈主编：《国家图书馆藏敦煌遗书》（1－58册），北京图书馆出版社2005年版。

[3] 刘俊文：《敦煌吐鲁番唐代法制文书考释》，中华书局1989年版。

[4] 李锦绣：《敦煌吐鲁番文书与唐史研究》，福建人民出版社2006年版。

[5] 陈寅恪：《隋唐制度渊源略论稿》，生活·读书·新知三联书店2004年版。

[6] 陈寅恪：《唐代政治史述论稿》，生活·读书·新知三联书店2004年版。

[7] 卢向前：《敦煌吐鲁番文书论稿》，江西人民出版社1992年版。

[8] 陈明光：《汉唐财政史论》，岳麓书社2018年版。

[9] 刘俊文：《敦煌吐鲁番唐代法制文书考释》，中华书局1989年版。

[10] 北京图书馆敦煌吐鲁番学资料中心、台北《南海》杂志社合编：《敦煌吐鲁番学研究论集》，书目文献出版社1996年版。

[11] 赵德馨主编：《中国经济通史（第一卷）》，湖南人民出版社

2002 年版。

［12］王仲荦：《隋唐五代史》（上下册），上海人民出版社 1988 年版。

［13］韩国磐：《隋唐五代史论集》，三联书店 1979 年版。

［14］刘进宝：《敦煌学通论》，甘肃教育出版社 2002 年版。

［15］李根蟠：《中国农业史》，（台湾）文津出版社 1997 年版。

［16］邓云特：《中国救荒史》，三联书店 1958 年版。

［17］卜风贤：《周秦汉晋时期农业灾害和农业减灾方略研究》，中国社会科学出版社 2006 年版。

［18］赫治清主编：《中国古代灾害史研究》，中国社会科学出版社 2007 年版。

［19］孙绍骋：《中国救灾制度研究》，商务印书馆 2004 年版。

［20］李军：《中国传统社会的救灾——供给、阻滞与演进》，中国农业出版社 2011 年版。

［21］段伟：《禳灾与减灾——秦汉社会自然灾害应对制度的形成》，复旦大学出版社 2008 年版。

［22］胡世凯：《“明主治吏不治民”：中国传统法律中的官吏渎职罪研究》，中国政法大学出版社 2002 年版。

［23］陈俊强：《皇权的另一面：北朝隋唐恩赦制度研究》，北京大学出版社 2007 年版。

［24］张晋藩：《中华法制文明的演进（修订版）》，法律出版社 2010 年版。

［25］张涛、项永琴、檀晶：《中国传统救灾思想研究》，社会科学文献出版社 2009 年版。

［26］张中秋：《唐代经济民事法律述论》，法律出版社 2002 年版。

［27］宁志新：《隋唐使职制度研究》，中华书局 2005 年版。

［28］林干：《中国古代北方民族通论》，内蒙古人民出版社 1998 年版。

［29］龚荫：《中国民族政策史》，四川人民出版社 2006 年版。

［30］吴玉贵：《中国风俗通史》，上海文艺出版社 2001 年版。

[31] 古怡青：《唐代府兵制度兴衰研究》，台北新文丰出版公司，2002 年版。

[32] 马克斯·韦伯：《儒教与道教》，江苏人民出版社 2008 年版。

[33] 斯塔夫里阿诺斯：《全球通史》，北京大学出版社 2006 年版。

[34] [日] 岛田正郎：《东洋法史要》，日本三和书房 1956 年版。

[35] [日] 仁井田升：《唐令拾遗》，长春出版社 1989 年版。

[36] [日] 仁井田升著，池田温等补订：《唐令拾遗补》，日本东京大学出版社 1997 年版。

[37] [日] 滋贺秀三主编：《中国法制史基本资料的研究》，日本东京大学出版社 1993 年版。

[38] [日] 仁井田升：《唐宋法律文书的研究》，日本东京大学出版社 1983 年版。

[39] [日] 滋贺秀三：《中国家族法原理》，日本创文社 1967 年版。

[40] [日] 曾我部静雄：《中国律令史的研究》，日本吉川弘文馆 1971 年版。

[41] [日] 中村裕一：《唐代制敕研究》（中国律令制的发展及其与国家社会的关系——包括周边诸地区的情况），日本级古书院 1986 年版。

[42] [日] 冈野诚：《日本在唐律文献学上的研究》，载《中国历史文献研究集刊》，湖南人民出版社 1984 年版。

[43] [日] 冈野诚：《日本在唐律文献学上的研究》，载《中国历史文献研究集刊》，湖南人民出版社 1984 年版。

[44] [日] 曾我部静雄：《日中律令论》，日本吉川弘文馆 1995 年版。

[45] [日] 夫马进：《中国善会善堂史研究》，商务印书馆 2005 年版。

[46] [日] 织田万：《中国行政法》，李秀清、王沛点校，中国政法大学出版社。

[47] [法] 弗朗斯瓦·魁奈：《中华帝国的专制制度》，谈敏译，商务印书馆 1992 年版。

[48] [美] 布迪等：《中华帝国的法律》，朱勇译，江苏人民出版社 2010 年版。

[49] [美] 包弼德：《斯文：唐宋思想的转移》，江苏人民出版社 2001 年版。

[50] [荷] 许理合：《佛教征服中国》，江苏人民出版社 2003 年版。

[51] [英] 崔瑞德：《剑桥中国隋唐史》，中国社会科学院历史研究所、西方汉学研究课题组译，中国社会科学出版社 1990 年版。

[52] [美] 爱德华·赫策尔：《唐代的外来文明》，吴玉贵译，陕西师范大学出版社 2005 年版。

三、期刊论文

[1] 王卫平："论中国古代传统社会保障制度的初步形成"，《江海学刊》2002 年第 5 期。

[2] 郑功成："我国古代社会保障思想及其评价"，《上海保险》1991 年第 4 期。

[3] 董平："儒家德治思想及其价值的现代阐释"，《孔子研究》2005 年第 4 期。

[4] 王杰："孟子仁政思想中的经济利益原则与道德教化原则"，《中国中央党校学报》2005 年第 3 期。

[5] 郭亚雄："中国古代社会保障思想及其行为探究"，《江西财经大学学报》2005 年第 5 期。

[6] 王卫平："论中国古代慈善事业的思想基础"，《江苏社会科学》1999 年第 5 期。

[7] 刘丽："浅析孔孟社会保障思想"，《人口与经济》2005 年第 5 期。

[8] 宋立、王培："试论社会保障体系的建立"，《延安大学学报》2006 年第 2 期。

[9] 刘厚琴："汉代社会保障体制及其特征"，《开封大学学报》2004 年第 4 期。

[10] 于凯："传统中国社会保障制度的历史渊源"，《中南民族大学学报》2004 年第 4 期。

[11] 龚小峰:“论明代的赈粥”,《东南大学学报》2003 年第 4 期。

[12] 王志芬:“浅析中国古代的养老尊老体制”,《学术探索》2003 年第 7 期。

[13] 林富士:“中国疾病史研究刍议”,《四川大学学报》2004 年第 1 期。

[14] 张仁玺:“齐鲁先秦诸子的社会保障思想”,《东方论坛》2003 年第 2 期。

[15] 侯糊虎、武娟:“明代官员的致仕制度”,《延安大学学报》2000 年第 2 期。

[16] 郭文佳:“宋代社会保障机构简论”,《广西社会科学》2003 年第 6 期。

[17] 谭凤娥:“宋代社会救济事业述评”,《乐山师范学院学报》2003 年第 7 期。

[18] 黄鸿山、王卫平:“传统仓储制度社会保障功能的近代发展——以晚清苏州府长元吴丰备义仓为例”,《中国农史》2005 年第 2 期。

[19] 李贞德:“中国妇女研究中的医疗照顾问题”,《四川大学学报》2005 年第 2 期。

[20] 王卫平:“明清时期残疾人社会保障研究”,《江海学刊》2004 年第 3 期。

[21] 付爽勾、利军:“略论唐代佛教对鳏寡孤独三疾人群的救助”,《河南师范大学学报(哲学社会科学版)》2011 年第 1 期。

[22] 盛会莲:“试析唐五代时期政府的养老政策”,《浙江师范大学学报(社会科学版)》2012 年第 1 期。

[23] 刘兴云:“浅议唐代的乡村养老”,《史学月刊》2007 年第 8 期。

[24] 傅晓静:“唐代民间私社的基本功能”,《齐鲁学刊》2003 年第 5 期。

[25] 盛会莲:“唐代的病坊与医疗救助”,《敦煌研究》2009 年第 1 期。

[26] 冯金忠:“唐代病坊刍议”,《西域研究》2004 年第 3 期。

［27］杨兵、王希隆："对唐代几种社会救济形式的辨析"，《历史研究》2003年第6期。

［28］么振华："唐代自然灾害及救灾史研究综述"，《中国史研究动态》2004年第4期。

［29］李瑾明："宋代社会救济制度的动作和国家权力"，《中国史研究》2005年第3期。

［30］张玉兴："试论隋唐义仓在救荒中的弊端"，《株洲师范高等专科学校学报》2004年第4期。

［31］么振华："唐代民间的自助与互助救荒"，《兰州学刊》2008年第11期。

［32］毛阳光："中古时期民间救灾综论"，《山西大学学报》2006年第2期。

［33］毛阳光："唐代灾害救济实效再探讨"，《中国经济史研究》2012年第1期。

［34］周东平："律令格式与律令制度、律令国家"，《法制与社会发展》2002年第2期。

［35］［日］冈野诚："日本对唐律的研究"，《明治大学法律论丛》1982年第4期。

致　谢

这是一个漫长的写作过程，关于唐代的社会救济问题，从开始着手到出书近 8 年的时间。期间数次停笔陷入自我怀疑之中，不知道这个研究是否有意义、是否能完成。2019 年获得陕西省社会科学界的立项后坚定了我继续研究的决心。

在这期间获得了很多人的帮助，向他们表示深深的谢意！他们是西安财经大学法学院的王波院长和田亚鹏书记，还有法学院的诸位领导和同事们，给我许多鼓励和指教，让我始终感觉不是一个人在孤军奋战。

也向我的家人们致谢，这么多年来一直包容我的懒散和任性。谢谢我的父亲武明堂、母亲郝孝先、丈夫刘海琦、女儿刘雪凡，还有我的弟弟武国胜，你们是我人世间最宝贵的财富，让我觉得人生温暖美好！

武宇红

2023 年 6 月